SABINE FLADUNG   ERNST WRBA

Wiesbaden
UND RHEINGAU

Trends & Lifestyle

Umschau

Inhalt

Karte 8	DER RHEINGAU: LEBENSFREUDE PUR 76
Editorial 11	
Grußwort von Sven Gerich,	Restaurant _kuli.nariath 82
Oberbürgermeister von Wiesbaden 15	Wein und SektGut Stefan Breuer 84
Vorwort des Landrats Burkhard Albers 19	Weingut Keßler 86
	Fachmarkt Bihrer 88
WIESBADEN, DIE STADT DER KAISERWÜRDE	Kostbar 90
UND DER HEISSEN QUELLEN 22	Weingut Heinz Nikolai 92

Courtyard by Marriott 26
Hockenberger Mühle 28
Hotel und Weinhaus Sinz 30
Weingut Höhn 32
Europcar Autovermietung 34
Commerz Real 36
Hd…s Agentur für Pressearbeit 38
InsightWiesbaden 40
Hästens Store Wiesbaden 42
Dorint Pallas Wiesbaden 44

WIESBADEN, DIE STADT DES
VIELFÄLTIGEN GENUSSES 46

Der Papierladen 52
Badmanufaktur Roth 54
Innenleben Wohnen & Dekoration 56
Marina Rinaldi 58
Gabrich Optik 60
Hufbeschlagsschmied Rudi Pellkofer 62
Raumgestaltung – Innendekoration 64
Saytoune Cuisine Orientale 66
Dahler & Company Immobilien 68
Radisson Blu Schwarzer Bock Hotel 70
Dr. Jung Zahnklinik 72
Parfumerie am Markt 74

EIN KULTURGUT DER EXTRAKLASSE:
KLOSTER EBERBACH 94

Weingut Ankermühle 98
Weingut Fritz Allendorf 100
WINEBAR c/o Weingut Carl Ehrhard 102
Restaurant Römerstube 104
Garten- und Landschaftsbau Christian Fass 106

WANDERN AUF DEN SPUREN DER ROMANTIK
IM NIEDERWALD 108

Hotel im Schulhaus und Weingut Altenkirch 114
Weingut Ottes 116

Adressverzeichnis 120
Register 123
Impressum 128

Erfolgreiche Sanierung: Das Wiesbadener Bergkirchenviertel hat seinen altstädtischen Quartiercharakter bewahren können

Weltbekannte Touristenattraktion: Rüdesheim im Oberen Mittelrheintal mit Niederburg und Boosenburg

Karte
Rheingau & Wiesbaden

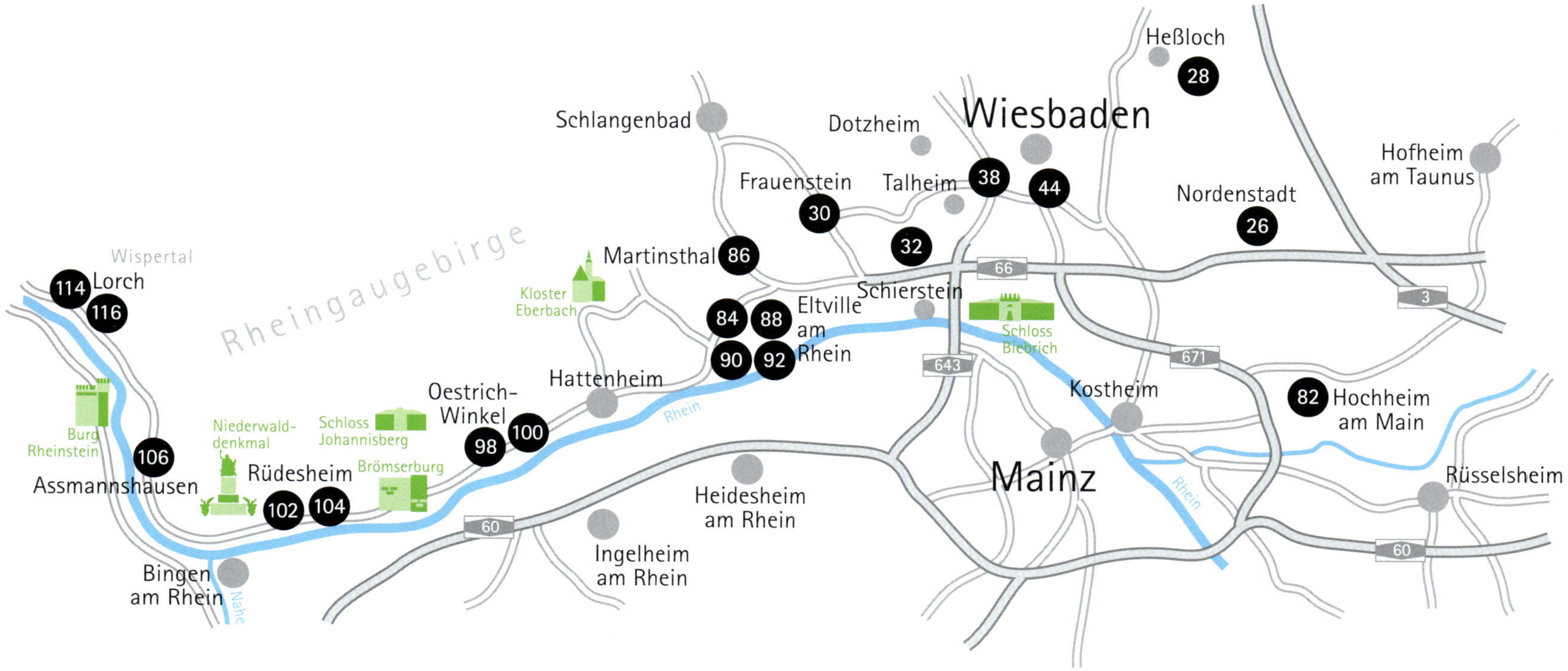

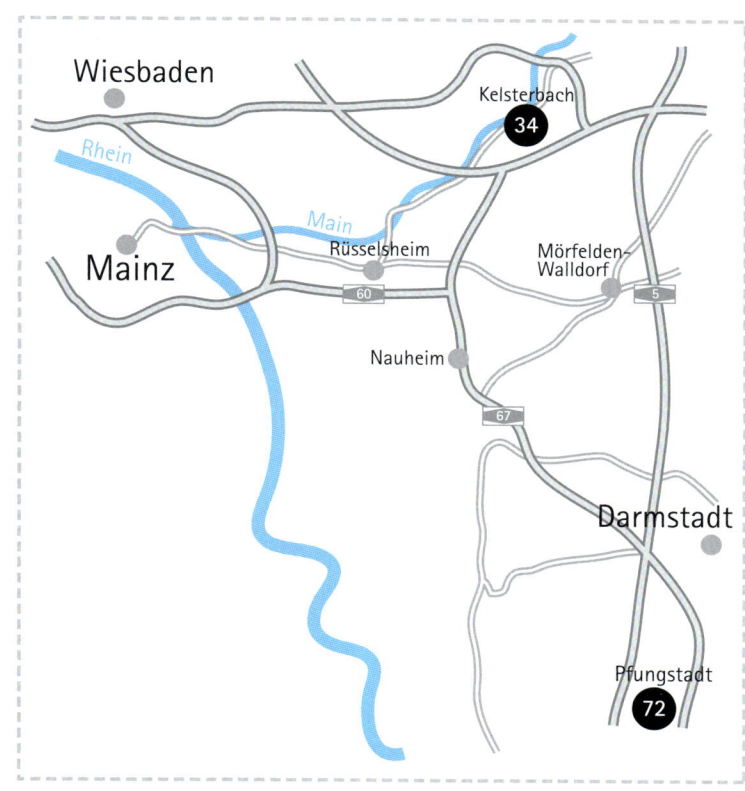

Mondäne Prachtmeile in Wiesbaden: die Wilhelmstraße, auch schlicht „Rue" genannt

Editorial

*B*eeindruckend vielfältig sind sowohl Landschaft und Kultur als auch die Menschen und ihr Alltag in Wiesbaden und im Rheingau. In der hessischen Landeshauptstadt Wiesbaden genießt vor allem ein internationales Publikum das immer noch von Kaiser Wilhelm geprägte, elegante und mondäne Stadtleben mit seinen exklusiven Geschäften entlang der „Rue", wie die Einheimischen die Prachtallee Wilhelmstraße am weitläufigen Kurpark auch gerne nennen.

Im nahen ländlichen Idyll des Rheingaus ticken die Uhren hingegen anders. In den kleinen Weinbaugemeinden sind die Menschen bereit, sich auch mal treiben zu lassen. Gerne stecken sie Besucher mit ihrer Lebensfreude an, die sie aus der einzigartigen Natur dieses vom Rhein geprägten Landstriches schöpfen. Hier gibt das Leben in und mit der Natur und vor allem mit dem seit Jahrhunderten tief verwurzelten Weinbau den Takt vor. Aber auch die kleinen, inhabergeführten Geschäfte, Restaurants, Hotels und vor allem Weingüter, die im Rheingau beheimatet sind, sind Ausdruck großer Lebensfreude. Und trotzdem sind es nur wenige Kilometer bis zum Facettenreichtum der eleganten Geschäfte in der hessischen Landeshauptstadt, die als Einkaufsstadt von Kunden aus aller Welt geschätzt wird. Was die Menschen im Rheingau und in Wiesbaden gemein haben: Überall wird großer Wert auf Einzigartigkeit und Echtheit, Qualität und Service gelegt.

Auf meinen Reisen durch den Rheingau und durch Wiesbaden, die ich für dieses Buch unternommen habe, bin ich auf viele neue Trends gestoßen, die das Leben bunter und lebenswerter machen. Und wieder mal ist mir bewusst geworden, wie viel Spaß es macht, die Lebensfreude selbst in der eigenen Heimat, im Übrigen eine der schönsten Regionen Deutschlands, bei einem exzellenten Wein, guten Essen und tollen Einkaufsmöglichkeiten neu zu entdecken. Diesen Spaß möchte ich gerne weitergeben und die Leser dieses Buches dazu anregen, mit mir auf Entdeckungsreise zu gehen. Der Rheingau und Wiesbaden bieten fantastische Möglichkeiten.

Sabine Fladung

„Grünes Entree" in die Stadt. Unmittelbar vor dem Wiesbadener Hauptbahnhof erstrecken sich auf einer Fläche von 3,4 Hektar die Reisinger-Anlagen

Weithin sichtbares Schmuckstück: die Russische Kirche am Neroberg, dem Hausberg Wiesbadens

Grußwort

Liebe Leserinnen und Leser,

Wiesbaden ist eine sehr facettenreiche Stadt. Da das vermutlich jeder Oberbürgermeister über „seine" Stadt sagt, möchte ich Sie gerne auffordern, meine These zu überprüfen.

Einen ersten Eindruck vermitteln die folgenden Seiten. Noch besser allerdings können Sie sich von der Richtigkeit meiner Aussage überzeugen, wenn Sie sich selbst ein Bild machen. Darum lade ich Sie ein. Machen Sie es den mehr als 500.000 Menschen nach, die in Wiesbaden pro Jahr übernachten, und lernen Sie die hessische Landeshauptstadt mit all ihren Facetten kennen: Wiesbaden als Kulturstadt mit dem Hessischen Staatstheater, den zahlreichen Galerien und Museen, dem Literaturhaus Villa Clementine oder der Musikakademie. Wiesbaden als Sport- und Gesundheitsstadt mit Großsportveranstaltungen, vielen Bädern, Quellen, Thermen und Fachkliniken. Und nicht zuletzt Wiesbaden als Genuss- und Einkaufsstadt mit Boutiquen, Geschäften und Gastronomiebetrieben – aber natürlich auch mit vielen herrlichen historischen Gebäuden und Alleen, schönen Plätzen und Ausflugszielen wie dem Kurpark, dem Rheinufer oder unserem Hausberg mit wunderbarer Aussicht, dem Neroberg.

Wenn Sie Ihren Ausflug nach Wiesbaden dann auch noch mit einem unserer beliebten Feste verknüpfen – beispielsweise dem zehntägigen Weinfest „Rheingauer Weinwoche" im August, dem jährlichen Stadtfest oder dem weit über die Stadtgrenzen hinaus beliebten Wiesbadener Sternschnuppenmarkt –, dann halte ich es für sehr wahrscheinlich, dass Sie nicht nur unsere Stadt als solche, sondern auch ihre Einwohnerinnen und Einwohner kennen und lieben lernen. In diesem Sinne: Wir sehen uns! Hier im schönen Wiesbaden.

Ihr

Sven Gerich, Oberbürgermeister von Wiesbaden

Von der Sonne verwöhnt: Blaue Spätburgunder Trauben in den Weinbergen bei Assmannshausen, gegenüber die Burg Rheinstein

Hier kann man sogar heiraten: das idyllisch mitten in den Weinbergen gelegene Schloss Vollrads

Vorwort

Schon früh erkannte Johann Wolfgang von Goethe, dass „das Leben zu kurz ist, um schlechten Wein zu trinken". Weshalb er oft seine Schritte in den Rheingau lenkte, um dort den herrlichen Riesling mit seinen vielfältigen Aromen zu genießen. Doch nicht alleine der Riesling hatte es dem Dichterfürsten angetan. Die wunderschöne Landschaft des Rheingaus – von Wiesbaden kommend – beschrieb Goethe dereinst fast schon euphorisch, als er 1815 seiner Frau Christiane folgende Zeilen zukommen ließ: „… so weiß man doch, warum man Augen hat. Dies zu erfahren, war mir sehr nöthig!"

Auch knapp 200 Jahre nach des Dichters Worten hat der Rheingau nichts von seiner großen Anziehungskraft verloren, denn er ist „ein Landstrich zwischen Mythos und Inspiration". Fern von der Hektik der pulsierenden Großstädte der Rhein-Main-Region und doch schnell erreichbar, ist der Rheingau eine Oase der Erholung und des Genusses. Seine Bewohner werden für ihre sprichwörtliche Lebensfreude und Gastlichkeit gerühmt. Hier trifft Tradition auf Moderne und sorgt für einen spannenden und prickelnden Lebensstil. Der Rheingau rühmt sich seines exzellenten Rieslings, der wegen seiner Qualität weltweit für Schlagzeilen sorgt und von vielen Weinkennern in den höchsten Tönen gelobt wird: „Die Weine sind im Ausdruck frisch und duften nach Kernobstmost und exotischen Früchten. Das passt gut zu ihrem oft schlanken Körper mit seiner eleganten Säure."

Eine Reise in den Rheingau lohnt sich also immer. Ob relaxen und am Weinstand in Hattenheim die Füße in den Rhein strecken, oder ob Kloster Eberbach besichtigen, das in Teilen als Kulisse für den Film „Im Namen der Rose" diente: Hier ist für jeden Geschmack etwas dabei. Wer Geselligkeit in den Straußwirtschaften und Gutsausschänken sucht und sich dabei mit ausgewählten Leckereien – von der Haute Cuisine bis zu Rheingauer Spezialitäten – und preisgekrönten Riesling-Weinen verwöhnen will, dem bietet der Rheingau eine große Auswahl. Um es auf den Punkt zu bringen: Hier können Sie die Seele baumeln lassen, hervorragend schlemmern, herausragende Weine genießen und Lebensfreude pur tanken. Wandern auf dem Rheinsteig, den Blick auf die einmalig schöne Landschaft des Rheingaus und des Mittelrheintals gerichtet. Konzerte der Spitzenklasse im Innenhof von Schloss Vollrads oder von Schloss Johannisberg. Das breite Programmspektrum des Rheingau Musik Festivals, das europaweit bekannt ist, hat seinen Schwerpunkt zwar auf der sogenannten E-Musik, reicht aber auch bis zu Jazz und Kabarett. Die hohe künstlerische Qualität aller – etwa 150 – Konzerte ist dabei der verbindende Aspekt aller Veranstaltungen.

Und es gibt noch einen Geheimtipp: Heiraten im Rheingau ist nichts Besonderes, es ist außergewöhnlich! Dieser winzig-kleine Moment des „Ja-Sagens" zueinander, wohl der großartigste im gemeinsamen Leben, verdient es, eindrucksvoll umrahmt zu werden. Eine bestechend schöne Naturlandschaft als Kulisse sollte der magische Ort für Ihr Ja-Wort sein. Es gibt viele herausragende Locations. Im traditionsreichen Weingut für die kleine Feier im edel-rustikalen Stil oder in einem der vielen geschichtsträchtigen Schlösser, Burgen und Klöster können Sie Ihre Gäste zu einem glanzvollen Hochzeitsfest empfangen.

Jetzt ist sicherlich der Moment gekommen, um in den Rheingau mit seinem „Mythos und seinen Inspirationen" persönlich einzutauchen. Entdecken Sie unsere einzigartige Region und lassen Sie sich verzaubern. Viel Spaß dabei!

Ihr

Burkhard Albers, Landrat

Für Genussmenschen alljährlich ein fester Termin im Kalender: Rheingauer Weinwoche in Wiesbaden

Die Stadt der Kaiserwürde und der heißen Quellen

Wiesbaden ist mannigfaltig wie eine mondäne, opulente Lady und hat aus Tradition viel Flair und bedeutende Sehenswürdigkeiten zu bieten.

Wiesbaden ist nicht nur die Landeshauptstadt von Hessen. Besondere Attraktivität genießt die Stadt vor allem durch ihre über 15 Thermal- und Mineralquellen, die schon die alten Römer zu schätzen wussten. Doch damit nicht genug: Wiesbaden hat auch Weinbau zu bieten, wunderbare Einkaufsmöglichkeiten von der Fußgängerzone mit großen Ladenketten über einen legendären Markt bis hin zur Prachtallee Wilhelmstraße mit exklusiven Fachgeschäften. Neben noblen Geschäften und Cafés findet man hier auch das Landesmuseum, den Nassauischen Kunstverein, der sich auf junge zeitgenössische Kunst spezialisiert hat, und das Erbprinzenpalais, in dem heute die Industrie- und Handelskammer untergebracht ist. Auch die Villa Clementine, die 1888 Schauplatz des Wiesbadener Prinzenraubs wurde und später Kulisse für die Verfilmung der „Buddenbrooks" war, ist ein Highlight an der Wilhelmstraße. Und jedes Jahr Anfang Juni wird die ganze Wilhelmstraße zu einem Festplatz: Das „Theatrium" gilt als eines der größten Straßenfeste Deutschlands.

Wiesbaden gehört zu den wohlhabendsten Städten Deutschlands und war eine der Lieblingsstädte des deutschen Kaisers Wilhelm II. (1859–1941) und seines Gefolges. Er liebte das „Nizza des Nordens", wie Wiesbaden mit seinem Rheinufer in Biebrich und Schierstein damals genannt wurde, und besuchte die Stadt immer wieder zur Sommerfrische. Schon bald wurde Wiesbaden zur „Kaiserstadt", denn im Gefolge des kaiserlichen Hofstaats kamen zahlreiche Adlige, Künstler und wohlhabende Unternehmer in die Stadt und ließen sich hier nieder. Wiesbaden wurde Weltkurstadt, es entstanden viele repräsentative Gebäude, das Kurhaus und das Hessische Staatstheater, die ganz aus roten Backsteinen bestehende evangelische Marktkirche mit ihren fünf Türmen, von denen der 98 Meter hohe Hauptturm bis heute das höchste Gebäude der Stadt ist, und die Ringkirche. Die adligen Kurgäste lustwandelten in ausgedehnten Parkanlagen. Neben dem Kurpark prägen der Warme Damm, die Reisinger-Anlagen und das Bowling Green noch heute das grüne Stadtbild.

Prachtvolle Architektur rund um die Wilhelmstraße: Villa Clementine (großes Foto linke Seite), die Marktkirche (u. l.) und eine der Quadrigen auf einem Eckrisalit des neobarocken Staatstheaters Wiesbaden (u. r.)

Große Künstler wie der Dichterfürst Johann Wolfgang von Goethe, Fjodor Dostojewski, Richard Wagner, Johannes Brahms oder Alexej von Jawlensky schätzten Wiesbaden und weilten hier, sei es wegen der heilenden Quellen oder wegen der mondänen Nächte in der Spielbank. Diese legendenumwobene Zeit prägt die Landeshauptstadt, in der die Architektur vielerorts von Jugendstil, Klassizismus und Historismus dominiert wird, bis heute maßgeblich. Das Staatstheater mit rotem Samt, goldenem Stuck, Deckengemälden und Kronleuchtern, der Kurpark mit Wasserspielen und die Spielbank mitten im Herzen von Wiesbaden gehören zu den schönsten Gesamtensembles der Stadt.

Hochherrschaftlich ging es auch direkt am Rhein, in Wiesbaden-Biebrich, zu. Das 300 Jahre alte barocke Biebricher Schloss direkt am Rheinufer verfügt über einen weitläufigen Schlosspark, der im Stil englischer Landschaftsgärten mit einem Teich und der Mosburg als künstlicher Ruine angelegt wurde. Hier findet jedes Jahr das weltweit bekannte Pfingst-Reitturnier statt, das die Elite der Dressur- und Springreiter und Voltigierer nach Wiesbaden lockt. Das Schloss war einst Hauptresidenz des Hauses Nassau, denn im Jahr 1806 war Wiesbaden Regierungssitz und Hauptstadt des Herzogtums Nassau. Und als Residenz erlebte Wiesbaden in den nachfolgenden Jahrzehnten dann auch eine großartige städtebauliche Entwicklung: Wunderbare Villen und Patrizierhäuser mit aufwendigen Fassaden und Alleen, viel Grün und manch verstecktem kleinen Park im Rheingauviertel, im Feldherrenviertel oder im Dichterviertel erinnern bis heute an diese Hochzeit und machen Wiesbaden auch im 21. Jahrhundert zu einem begehrten Wohnort.

Heute ist Wiesbaden, in dem derzeit rund 280 000 Einwohner leben, immer noch für seine vielen kochsalzhaltigen Thermalquellen berühmt, die sich für Kuren bei rheumatischen Erkrankungen und Katarrhen der Atmungsorgane eignen. Die Anwendung erfolgt in erster Linie durch Badekuren und Bewegungstherapie, aber auch durch Trinkkuren und Schwimmen im Thermalwasser. Gerne besucht wird auch das städtische Thermalbad im Aukammtal, das sein Thermalwasser über eine Fernleitung aus dem Quellenviertel bezieht und umgeben ist von großen Kurkliniken, zahlreichen Spezial- und Privatkliniken. Die 15 heißen Quellen mit Temperaturen zwischen 46 und 66 Grad liefern täglich erstaunliche 2 Millionen Liter Thermalwasser. Der einstige Kurbetrieb, der in erster Linie dem Amüsement gedient hatte, wurde längst umgestellt: 18 verschiedene Kur- und Spezialkliniken – von allgemeinmedizinischen Krankenhäusern bis hin zu kosmetischen Privatkliniken – gibt es heute in Wiesbaden, darunter die Deutsche Klinik für Diagnostik, die weltweit bekannt ist.

Kuren und Entspannen in bester Tradition: das prunkvolle Kurhaus Wiesbaden (großes Foto rechte Seite), das barocke Biebricher Schloss (u. l.) und die Nerotal-Anlagen nach dem Vorbild englischer Landschaftsgärten (u. r.)

Das Courtyard by Marriott ist mehr als nur Hotel

Das Courtyard by Marriott ist erheblich mehr als nur ein Hotel: Hier kann jeder Gast gut wohnen, schlafen, an Tagungen teilnehmen, aber auch schlemmen, mit Freunden, Familie oder Kollegen feiern und eine vergnügliche Zeit erleben.

Verkehrsgünstig in der Nähe der Autobahnen A66 und A3 in Wiesbaden-Nordenstadt gelegen, sind es vom Hotel aus auch nur wenige Minuten bis zur Wiesbadener Innenstadt mit Theater und Kurpark. Das Hotel bildet den idealen Rahmen für private Veranstaltungen wie Geburtstags- und Hochzeitsfeiern, aber auch Firmenjubiläen und Weihnachtsfeiern mit der gesamten Belegschaft. Ob kleiner Familienkreis oder großer Empfang: Flexible Konferenzräume mit unterteilbaren und kombinierbaren Räumen lassen sich wunschgemäß anpassen. Insgesamt stehen knapp 350 Quadratmeter Bankettfläche zur Verfügung mit Sitzkapazitäten für 300 Gäste. Zertifizierte Veranstaltungsplaner unterstützen bei den Vorbereitungen, inklusive Catering, und machen jedes Fest zum unvergesslichen Event.

Fürs kulinarische Wohlbefinden sorgt eine frische, regional inspirierte Küche. Das Team kreiert saisonal spezielle Arrangements und lukullische Highlights. Besonders lecker lässt das Haus stets das Kalenderjahr ausklingen. Ein reichhaltiges Buffet lockt an den Adventssonntagen mit wechselnden Köstlichkeiten. Mit der „Ganzen Gans To Go" kann die traditionell vom Küchenchef zubereitete Gänsespezialität für vier Personen auch servierfertig abgeholt werden. Das Weihnachtsmenü am festlich dekorierten Tisch – übrigens auch bestens geeignet für die Firmenweihnachtsfeier – sorgt für einen entspannten Abend. Ein stilvolles Ambiente verspricht zudem die glanzvolle Silvester-Gala.

Auch Tagungen für kleine oder große Unternehmen sind möglich. Fünf Meeting- und drei Tagungsräume mit Tageslicht erwarten Business-Gäste im First-Class-Hotel. Passende Rahmenprogramme für Teambildung, wie etwa Curling oder ein rasantes Kart-Rennen auf dem weitläufigen Hotelgelände, runden das Angebot ab. Bis zu zehn Fahrer pro Lauf können in den wendigen roten Vehikeln ihre Runden drehen und sich gegenseitig überholen. Aber nicht nur Formel-1-Fans sind begeistert: Das ungewohnte Fahrgefühl lässt den Adrenalinspiegel ansteigen und fesselt alle Teilnehmer – eine willkommene Abwechslung nach einem arbeitsintensiven Tag. Das Rahmenprogramm wird in Absprache mit den Unternehmen in die jeweilige Veranstaltung integriert.

Im Zuge einer kompletten Renovierung 2011 erhielt das Courtyard by Marriott nicht nur einen modernen Empfangsbereich und eine ansprechende Lobby-Bar, sondern auch 139 modern ausgestattete Zimmer. 120 kostenfreie Parkplätze befinden sich direkt vor Ort. Ebenso ohne Mehrkosten: Wi-Fi im ganzen Haus. Rund-um-die-Uhr-Service garantiert ein gut gefüllter Hotel-Shop. Und im Fitness-Center können sich die Gäste auch körperlich fit halten.

COURTYARD BY MARRIOTT
Ostring 9
65205 Wiesbaden-Nordenstadt
Telefon 0 61 22 / 80 18 01
www.courtyard-wiesbaden.de

Ein wahr gewordener Lebenstraum im Grünen

Nur wenige Fahrminuten vom pulsierenden Wiesbadener Stadtleben entfernt liegt die Landgaststätte „Hockenberger Mühle". Am Rande von Kloppenheim, idyllisch eingebettet zwischen Wäldern, Weiden und Streuobstwiesen, ist die „Hockenberger Mühle" als Kinder- und Familienparadies schon lange kein Geheimtipp mehr. Besonders am Wochenende empfiehlt Inhaber Walled Muassi daher unbedingt eine frühzeitige Reservierung.

Schon kurz nach der Einfahrt auf den großzügigen Parkplatz, der an die Mühle grenzt, eröffnet sich den Besuchern ein freier Blick auf die Bilderbuch-Kulisse. Dies hat auch der Frankfurter Gastronom bei seinem ersten Besuch so empfunden, bevor er sich mit der Übernahme der malerisch gelegenen Landgaststätte einen Lebenstraum erfüllte. Mit viel Liebe zum Detail und der tatkräftigen Unterstützung seiner Familie hat er der historischen Mühle seit der Übernahme im Jahr 2000 neues Leben eingehaucht und sie in ein typisch hessisches Restaurant mit traumhaftem Biergarten verwandelt. Die Herzlichkeit und Leidenschaft für seinen Betrieb überträgt sich nicht nur auf Familie und Mitarbeiter, sondern auch auf die Gäste, von denen viele vom ersten Tag an zur Stammkundschaft gehören.

Während der kalten Jahreszeit ist die urige Stube Mittelpunkt des Geschehens. Je nach Saison oder Anlass wird sie liebevoll dekoriert und lädt zu gemütlichen Abenden mit herzhaftem Essen ein. Spezialisiert hat sich Walled Muassi auf traditionelle hessische Gerichte, denen die Küche eine persönliche Note verleiht. So werden rustikale Speisen wie beispielsweise die mediterrane Abwandlung des klassischen Handkäs' zu internationalen Köstlichkeiten. Die Zutaten für seine Gerichte bezieht Walled Muassi aus der Region. Eine Spezialität des Hauses sind Wildgerichte, die mehrmals im Jahr angeboten und in der Rezeptur der jeweiligen Saison angepasst werden.

In den Sommermonaten ist der Biergarten das Herzstück des Mühlen-Restaurants. Im Schatten alter Kastanienbäume können sich die Gäste ein kühles Bier oder den eigens in der Mühle gekelterten Apfelwein schmecken lassen. Wie bei den Speisen legt der Inhaber auch bei seinen Getränken höchsten Wert auf Qualität und Regionalität. Die Äpfel für den Most oder Äppelwoi kommen sowohl von den eigenen als auch von Streuobstwiesen oder Grundstücken benachbarter Bauern.

Ein separater Teil des Biergartens ist mit einer Pergola versehen. Von dort haben die Gäste, insbesondere Eltern, nicht nur einen atemberaubenden Blick auf den Waldrand, sondern auch auf den großen, gepflegten Abenteuerspielplatz mit Zugang zum Wickerbach, auf dem sich die Kinder nach Herzenslust austoben können.

LANDGASTSTÄTTE HOCKENBERGER MÜHLE
Geschäftsführer: Walled Muassi
Hockenberger Höhe 4
65207 Wiesbaden
Telefon 06 11 / 50 20 88
www.hockenberger-muehle.de

Familiäre Gastfreundschaft im Hotel und Weinhaus Sinz

Rheingauer Gemütlichkeit bietet das Hotel und Weinhaus Sinz in Frauenstein: Gleich drei Generationen sorgen seit über 50 Jahren in dem schön gelegenen Restaurant und Gästehaus am Ortsrand des für seinen Wein bekannten Wiesbadener Stadtteils Frauenstein für das Wohl ihrer Gäste. In der Küche des Familienbetriebes steht Klaus Sinz gemeinsam mit Sohn Niklas, der gerade seine Ausbildung zum Koch absolviert hat und auch frische Ideen und Akzente mit einbringt. Klaus Sinz, dem Geschäftsführer des Hauses, wurden wie Niklas die Eigenschaften eines guten Gastgebers schon in die Wiege gelegt. Er hat den Beruf des Küchenchefs ebenfalls von der Pike auf gelernt und freut sich über die innovativen Vorschläge seines Sohnes. Dabei liegt das Hauptaugenmerk in der Küche immer auf saisonalen und regionalen Produkten, die liebevoll zu köstlichen Gerichten verarbeitet werden. Serviert werden kulinarische Leckereien wie frühlingsfrischer Spargel, Wild aus heimischen Wäldern oder Weihnachtsgänse aus örtlicher Zucht mit ausschließlich Rheingauer Rebensäften und natürlich auch frischgezapftem Bier.

Vor allem die Weine von Frauensteiner Winzern finden sich auf der Karte des Weinhauses wieder, denn als echte Frauensteiner bekennt sich die Familie Sinz gerne zu ihrem Heimatort. Betreut wird die Weinkarte von Seniorchef Hermann Sinz. Er und seine Frau Lore, bei Stammgästen immer noch als „Lorchen" bekannt, hatten schon 1963 ihren Gastronomiebetrieb – damals in der Frauensteiner Winzerhalle – eröffnet. Die Gastfreundschaft der Familie Sinz sprach sich schnell herum, sodass man schon bald das eigene Restaurant in der Herrnbergstraße eröffnen konnte, das Klaus Sinz und seine Frau Katharina 1990 übernahmen.

Und hier fühlen sich Gäste aus der ganzen Welt wohl: Die schön gestalteten Galeräume, die guten Weine und das deftig-rustikale Essen lassen spüren, dass Gastlichkeit hier ganz großgeschrieben wird. Wer das gerne länger genießen will, dem stehen im eigenen Hotel zwölf Zimmer im Rheingauer Loungestyle zur Verfügung, die alles an modernem Komfort bieten: vom eigenen Parkplatz vor der Haustür über kostenloses WLAN und Tablets zum Ausleihen bis hin zum Flatscreen-TV. Die heimeligen Hotelzimmer im Weinhaus Sinz tragen berühmte Weinlagennamen wie Steinberg, Neroberg, Marcobrunn oder Höllenberg. Mitten im Grünen, aber doch ganz nah an Wiesbaden, kann man hier die Seele baumeln lassen und sich von Familie Sinz und ihrem freundlichen Team so richtig verwöhnen lassen. Besondere Veranstaltungen und kulinarische Themenwochen bieten dazu ebenso Anlass wie ein erholsamer Urlaub in einem der schönsten Weinanbaugebiete der Welt.

WEINHAUS UND HOTEL SINZ
Klaus Sinz
Herrnbergstraße 17-19
65201 Wiesbaden-Frauenstein
Telefon 06 11 / 94 28 90
www.weinhaus-sinz.de

Wein genießen im Weingut Höhn

Bester Wein wird in Wiesbaden-Schierstein auf dem Freudenberg „Im Kirschfeld" serviert. Hier laden Jürgen Höhn und seine Frau Julia zum Genießen ein. Die Liebe zum guten Wein liegt Jürgen Höhn in den Genen: Das Weingut Wilhelm Höhn blickt auf eine 300-jährige Tradition zurück und dürfte damit zu den ältesten in der Region gehören. „Wir verstehen uns als Wiesbadener Weingut und haben deshalb auch das Wahrzeichen der Stadt, die Lilie, mit in unser Firmenlogo aufgenommen", erklärt Winzermeister Jürgen Höhn.

Die landwirtschaftliche Tradition der Familie Höhn reicht über Generationen zurück, noch heute wird auf 50 Hektar Ackerbau betrieben. Der Weinbau war allerdings lange in den Hintergrund geraten, bis Senior Wilhelm Höhn im Jahr 1979 erstmals wieder Dotzheimer Wein anbot – und damit die Grundlage schuf für das heutige Renommee des Weinguts Höhn. Im Bewusstsein dieser Familiengeschichte führen Jürgen Höhn und seine Frau das Weingut in die Zukunft und haben viele innovative Ideen.

Der Weinbau im Gut Höhn erfolgt heute auf einer Fläche von 13,5 Hektar, und längst hat sich die Lage „Dotzheimer Judenkirsch" im Reigen der Rheingauer Weine ihren Platz erobert. Auf knapp zwei Hektar baut Familie Höhn hier Riesling, Spätburgunder, Dornfelder und Cabernet Sauvignon an. Mineralische Weine wachsen in dieser Lage, mit einer saftigen Säure und markanter fruchtiger Note, die schon vielfach prämiert wurden. Und auch aus den Lagen Schiersteiner Hölle und Frauensteiner Herrnberg kommen Trauben für die edelsten Rebensäfte, vom Qualitätswein über feine Kabinettweine bis hin zu gehaltvollen Spätlesen in Trocken bis Edelsüß. In der Schiersteiner Hölle wachsen vor allem Riesling und die wertvollsten Weine des Guts, goldprämierte Beerenauslesen und Eisweine. Im Frauensteiner Herrnberg werden Spätburgunder, Riesling, Merlot, Chardonay, Weißburgunder und Sauvignon Blanc geerntet und von dem leidenschaftlichen Winzer Jürgen Höhn behutsam zum Teil im Barrique zu köstlichen Gaumenfreuden ausgebaut.

Die kann man bestens in der ländlichen Idylle des 2004 unterhalb von Schloss Freudenberg errichteten Weingutes genießen. Hier wird Gastfreundschaft bei heimischem Wein ganz großgeschrieben. Weinfreunde können in der schön gestalteten Vinothek und in dem gemütlichen hauseigenen Gutsausschank die köstlichen Rebensäfte des Familienweingutes verkosten. Dazu gibt es regionale Köstlichkeiten mit mediterranem Flair, serviert von einem freundlichen Mitarbeiterteam, das Julia Höhn-Sternhardt – die gute Seele des Hauses – anführt. Die Räumlichkeiten eignen sich auch bestens für gemütliche Weinproben oder auch private Feierlichkeiten, stets bestens betreut von Familie Höhn.

Im Sommer sitzt man mitten im Grünen auf der großen Terrasse, die einen sensationellen Blick ins Rheintal bietet. Feigenbäume, Palmen und Oleander umrahmen die Sonnenterrasse, an die sich direkt der große Obstgarten und ein Spielplatz für die jungen Gäste anfügen.

WEINGUT HÖHN
Gutsschänke „Im Kirschfeld"
Freudenbergstraße 200
65201 Wiesbaden
Telefon 06 11 / 7 16 87 89
www.weinguthoehn.de

Elegant, entspannt und sicher ankommen

Leise und elegant rollt die Limousine vor den Treppenstufen des Wiesbadener Staatstheaters heran, der Chauffeur kommt um den Wagen herum, öffnet den beiden Damen im Abendkleid die Tür, reicht die Hand beim Aussteigen und wünscht einen schönen Abend. „Um Mitternacht bin ich wieder hier, um Sie abzuholen", sagt er noch. Was anmutet wie eine Szene aus einem Hollywoodfilm, ist in Wiesbaden ganz normaler Alltag. Der Europcar Chauffeur Service bietet in Wiesbaden ein großes Leistungsspektrum für jeden Anlass. Wie auch immer die Pläne von Reisenden, Geschäftsleuten oder Einheimischen, die sich etwas Besonderes leisten wollen, aussehen: Auf den Europcar Chauffeur Service ist Verlass. Hier steigt man einfach in das Fahrzeug seiner Wahl ein und hat Zeit für sich und das, was wichtig ist. „Wir garantieren in jedem Fall, dass unsere Kunden entspannt und sicher ankommen", so Aboubaker Mangal, Manager Special Mobility Südwest bei Europcar. Er und sein kompetentes Team stehen für diesen besonderen Fahrservice immer zur Verfügung. Und das in einer Qualität, die bereits zahlreiche Prominente und renommierte Firmen überzeugt hat.

Mangal und sein Team sind Garanten für den perfekten Ablauf. Alle Mitarbeiter verfügen über eine umfassende Ausbildung. Sie beherrschen nicht nur das Fahrzeug souverän, sondern verfügen auch über angemessene Umgangsformen und Diskretion. Hervorragende Orts- und Sprachkenntnisse, auch über Englisch hinaus, stellen sicher, dass die Chauffeure ihren Fahrgästen in jeder Situation zuverlässig zur Seite stehen können. Der Fuhrpark des Europcar Chauffeur Services bietet Spitzenfahrzeuge der führenden deutschen Automobilhersteller. Alle Fahrzeuge haben eine Premiumausstattung und weisen ein Höchstalter von sechs Monaten auf. Mit solchen Autos ist bei jedem Anlass der perfekte Auftritt garantiert. Auf Wunsch werden Personenschutz sowie Sonderschutzfahrzeuge bereitgestellt.

Ein exklusiver Shuttleservice in Premiumqualität – zum Beispiel vom Hotel zum Event – gehört ebenfalls zum Angebot. Auch für besondere Veranstaltungen bietet Europcar seine Flotte, individuelle Chauffeurdienste und weitere Logistiklösungen an, und das bereits in der Planungsphase. Als Gast eines Events finden die Kunden im Europcar Chauffeur Service den perfekten Partner, der sie bis zum roten Teppich begleitet. Selbstverständlich gibt es auch einen Airport City Transfer, bei dem sich der Europcar Chauffeur Service um die Anreise zum Flughafen kümmert oder die Gäste persönlich im Ankunftsbereich des jeweiligen Terminals oder am vereinbarten Meetingpoint mit Abholschild empfängt, das Gepäck übernimmt und zum VIP-Parkplatz geleitet. „Egal, ob Geschäftstermin oder Urlaub, wir bringen unsere Kunden bequem zu ihrem Termin und das rund um die Uhr an 365 Tagen im Jahr", garantiert Aboubaker Mangal.

EUROPCAR AUTOVERMIETUNG GMBH
Europcar Chauffeur Service
Kleiner Kornweg 2-4
65451 Kelsterbach
Telefon 0 61 07 / 79 01 90
www.europcar-chauffeur.de

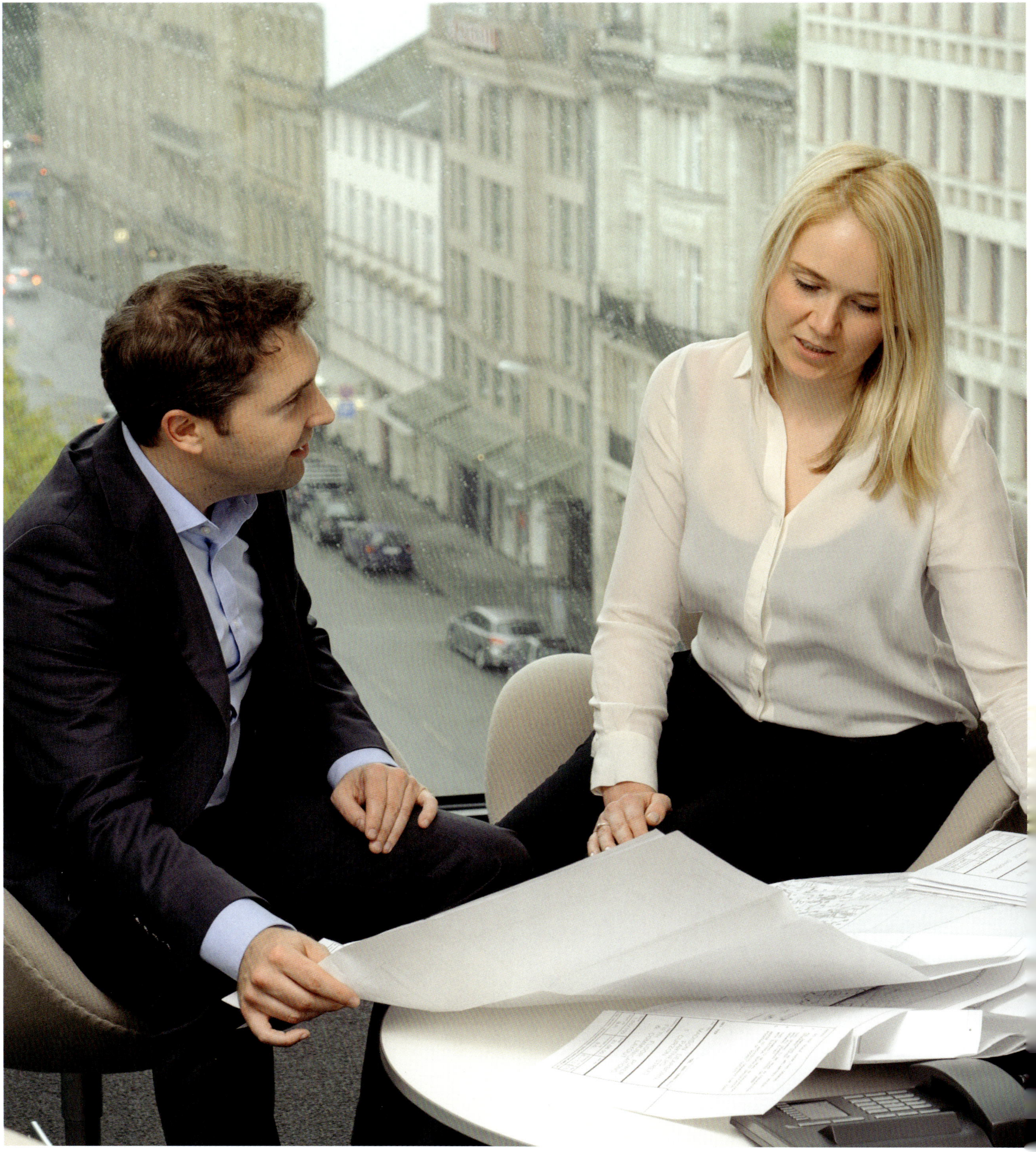

hausInvest – aus Wiesbaden in die Welt der Immobilien

*I*n der Friedrichstraße 25, im Herzen der Wiesbadener Innenstadt, hatte bis vor wenigen Jahren das Wiesbadener Polizeipräsidium seinen Sitz. Nachdem die Polizei das Gebäude verlassen hatte, ist an diesem Standort ein neuer Büro- und Einzelhandelskomplex entstanden – die Dern´schen Höfe. Diese umfassen nicht nur das ehemalige Polizeipräsidium, sondern auch einen unmittelbar anschließenden Neubau, der im Erdgeschoss dem Einzelhandel und in den oberen Etagen der Commerz Real AG Platz bietet. Mit der alten Fassade, die der Friedrichstraße zugewandt ist, und dem moderneren Anbau, der an den Marktplatz und die Mauergasse grenzt und sich stilistisch harmonisch mit dem Rathaus in die elegante Kulisse der Altstadt einfügt, wurde in Wiesbaden eine lang existierende Baulücke geschlossen.

Lage, Architektur und Ausstattung haben die Dern´schen Höfe zum optimalen Standort für das Tochterunternehmen der Commerzbank werden lassen. Die hochwertige Immobilie ermöglicht den Mitarbeitern der Commerz Real effizientes Arbeiten in angenehmer Atmosphäre und mit optimaler Infrastruktur. Eine Kombination, welche die Commerz Real nicht nur zu schätzen, sondern vor allem auch einzuschätzen weiß. Denn hier, mitten in der Wiesbadener Innenstadt, sitzt eine Vielzahl von Immobilienexperten, die eines der ältesten und zugleich erfolgreichsten Investmentprodukte Deutschlands managt: den Offenen Immobilienfonds hausInvest. Ein Offener Immobilienfonds legt das Geld seiner Anleger in Gewerbeimmobilien an – also in Büroimmobilien, Einkaufszentren, Hotels und Logistikobjekten. Er verwaltet die Gebäude, vermietet und renoviert sie, kauft neue hinzu und verkauft hin und wieder auch einzelne. Kurz gesagt: Er macht viele Immobilien für Privatleute als Geldanlage nutzbar – und dies im Falle von hausInvest auch überaus erfolgreich: 2014 gehören 106 Immobilien in 17 Ländern mit einem Immobilienvermögen von 10,7 Milliarden Euro zum Fonds-Portfolio. Mehr als 450 000 Anleger vertrauen bereits auf hausInvest als stabile Immobilienanlage. Und das zu Recht: Seit der Auflegung 1972 erzielt der Fonds jedes Jahr positive Renditen.

Das Gebäude in der Wiesbadener Friedrichstraße 25 gehört zwar nicht zum hausInvest-Portfolio, dafür aber solch exquisite Immobilien wie das Hotel Villa Kennedy in Frankfurt oder Westfield in London, eines der größten Shopping-Center in Europa. Es spricht für sich, dass ein Unternehmen, das seit 1972 überaus erfolgreich im Umgang mit Gewerbeimmobilien ist, besondere Ansprüche an den eigenen Standort stellt. Aufgrund ihrer Expertise ist sich die Commerz Real sicher, im Herzen Wiesbadens einen attraktiven Standort gefunden zu haben, an dem die Erfolgsgeschichte von hausInvest weitergeschrieben werden kann.

COMMERZ REAL AG
Friedrichstraße 25
65185 Wiesbaden
Telefon 06 11 / 71 05-0
www.commerzreal.com

„Words don't come easy?" – Dank hd…s schon!

„Words don't come easy", heißt es in dem gleichnamigen Song von F. R. David, und das müssen im Arbeitsalltag immer wieder viele Unternehmen erfahren, wenn sie Texte für Öffentlichkeitsarbeit und die Medien erstellen. Ausgewiesene „Meister der Worte", die ihren Schwerpunkt auf die Pressearbeit für Firmen und Institutionen gelegt haben, findet man in Wiesbaden in der „hd…s agentur für presse- und öffentlichkeitsarbeit". Das kompetente Team, das aus Journalisten und Publizisten besteht, stammt aus den verschiedensten Bereichen der Medienlandschaft und arbeitet vernetzt und stilsicher für den Kommunikationserfolg seiner Kunden. Alle Mitarbeiter der Wiesbadener Agentur sind im Journalismus, dem Verlagswesen und der Medienwissenschaft zu Hause. Sie bearbeiten vielfältige Themenbereiche von Bauen, Wohnen und Immobilien über Touristik und Hotellerie bis hin zu Textilwirtschaft und Mode, Dienstleistung und Industrie.

Für jedes Unternehmen werden individuelle Kommunikationsstrategien entwickelt: „Wir setzen kluge Köpfe geistreich in Szene und tragen mit journalistisch fundierter Medienarbeit messbar zum Kommunikationserfolg unserer Kunden bei", erläutert Gründerin und Inhaberin Heike D. Schmitt. Egal, ob Botschaften in News, Interviews, Reportagen, Mitarbeiter- und Kundenmagazinen – die Spezialisten von hd…s wissen es treffend zu formulieren, werden es passend terminieren und mundgerecht servieren.

Ebenfalls im Portfolio: PR-Aktionen, Events und auch komplette Kampagnen. „Dabei sind wir uns bewusst: Soziales Handeln, Nachhaltigkeit, Innovation und Visionen bestimmen das öffentliche Bild von Firmen heute weit mehr als Zahlen", so die Geschäftsführerin. Sie hat die Agentur bereits 1991 gegründet und betreibt seit über 25 Jahren Meinungsbildung im Markt. Als inhabergeführte Full-Service-Agentur packt Heike D. Schmitt mit ihren festen und freien Mitarbeitern Beratungsaufgaben persönlich und ganzheitlich an. Engagiert, fachlich versiert, individuell und zuverlässig bringt das Team eine hohe Identifikation mit den Zielen und Werten seiner Kunden in die Arbeit ein.

Der Agentur-Standort Wiesbaden mitten in der Rhein-Main-Region ist bewusst im Herzen Deutschlands gewählt, um möglichst schnell bei Kunden und Verlagen überall im Land sein zu können. Vor allem für die Marken und Produkte mittelständischer Unternehmen kreiert die Agentur Konzepte. Dabei vergisst hd…s auch nicht die faszinierende Vielfalt der Menschen, die dahinterstehen. Mit der richtigen Antenne für Themen, Termine und dem dazu passenden journalistischen Know-how setzt das Presseteam seine Kernkompetenzen für die jeweiligen strategischen Unternehmensziele ein.

Die Inhaberin ist Mitglied der Deutschen Public Relations Gesellschaft e. V., des Deutschen Journalistenverbandes DJV e. V., des Presseclubs Wiesbaden e. V. und der Business and Professional Women Germany.

HD…S AGENTUR FÜR PRESSE- UND ÖFFENTLICHKEITSARBEIT
Heike D. Schmitt
Kaiser-Friedrich-Ring 23
65185 Wiesbaden
Telefon 06 11 /99 29 10

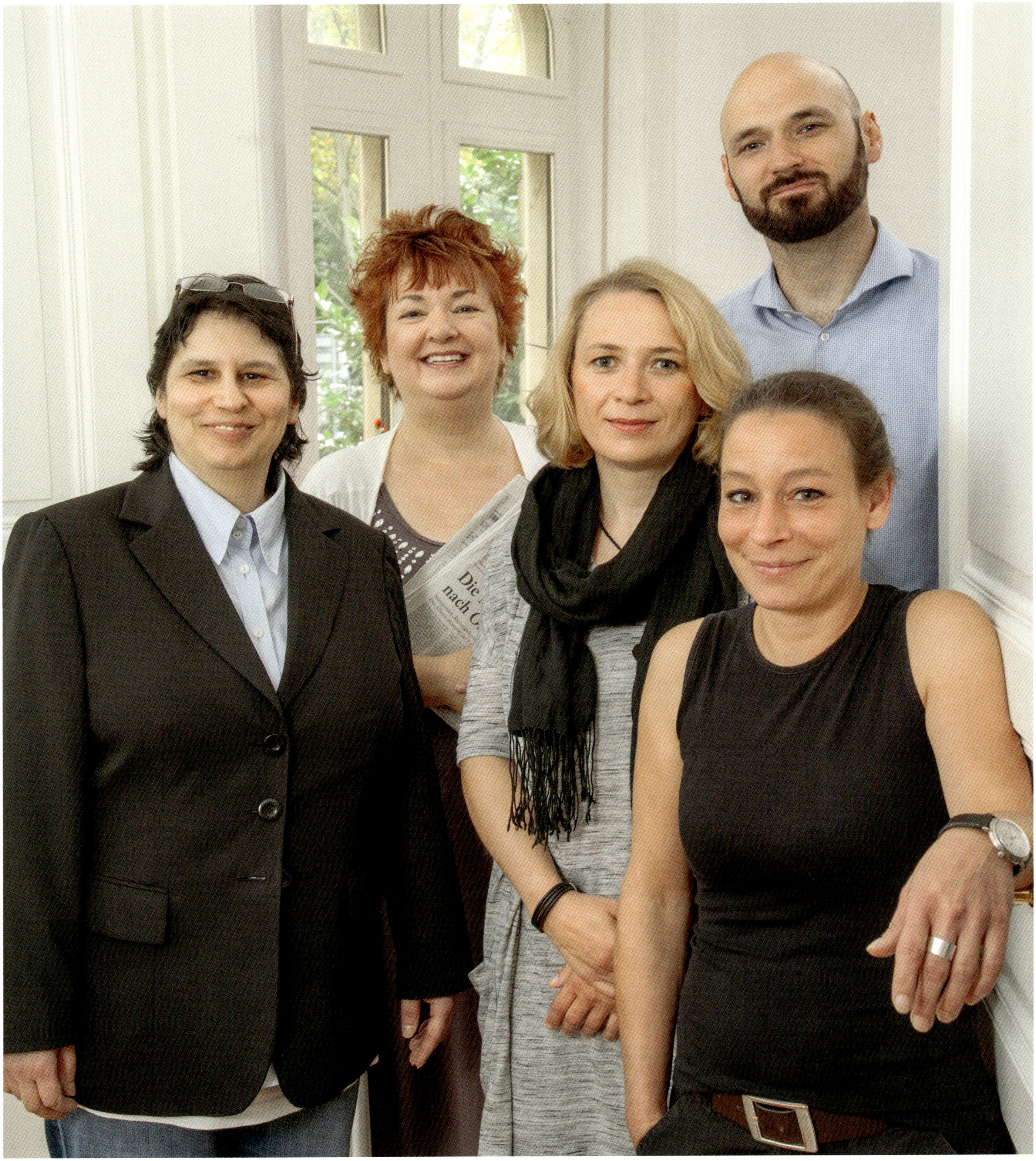

InsightWiesbaden ist Café, Geschäft und Meeting-Point

„Das ist ja mal ein schöner Spiegel, der würde mir gut für meinen kleinen Flur gefallen", schwärmt die junge Frau, die sich mit einer Freundin zum Kaffeetrinken in dem neuen, frischen und stylischen Café in der Wiesbadener Taunusstraße getroffen hat. Kein Problem: Alles, was einem im InsightWiesbaden gefällt, kann man auch gleich mitnehmen. Das Insight ist nämlich nicht nur ein Café und Bistro, in dem „Community" real gelebt wird, es ist auch gleichzeitig ein Shop der schönen und leckeren Dinge. Hier kann man das kleine Glück am Morgen mit einer frisch gebrühten Tasse Kaffee oder bei einem gesunden, leckeren Frühstück, serviert auf einem Teller wie ein Gemälde, erfahren. Oder man trifft sich zur Mittagszeit mit Freunden und Kollegen zu Herzhaftem oder marktfrischem Salat. Am Nachmittag schlägt im InsightWiesbaden dann die Stunde der legendären Tartes. Saisonal unterschiedlich belegt sind sie ein Gaumengenuss, der allein den Weg schon lohnt.

Wenn die Kollegen oder Freunde einmal nicht da sind, kann man sie auch weltweit über das Netz teilhaben lassen, kostenloses WLAN und ein Leih-iPad direkt am Tisch machen es möglich. Zudem bringt das InsightWiesbaden die Leute mit Events wie regelmäßigem Frühstück mit Livemusik oder Themenwochen zusammen. Auch abends lohnt es sich, etwas länger zu bleiben, um an einem Whisky-Tasting oder einer Öl-Verkostung teilzunehmen, eine Vernissage oder Musik live zu erleben. Alle geplanten Events sind stets auf Facebook zu finden.

Der bekennende Wiesbadener Lutz Müller kam in seine Heimatstadt Wiesbaden zurück und realisierte dieses gastronomische Ausnahmekonzept, weil er die Zeichen der Zeit erkannt hatte. Zur Seite steht ihm Partnerin Hilde Krenzer, die für den Wohlfühleffekt im Ambiente und in der Küche sorgt. Auch bei privaten Events wie Taufe oder Geburtstag kann man das Insight mieten, Hilde Krenzer sorgt dann für die entsprechende Dekoration und Floristik. Mit seinem Café und Bistro, das die Community live und per Netz verbindet und gleichzeitig ein Showroom für Interieur und Dekoration ist, hat das Paar frischen Wind in die Wiesbadener Gastronomie gebracht. Die Crossover-Location ist einzigartig: Im Insight kann man sehr gut essen, trinken, quatschen, interessanten Vorträgen oder Lesungen lauschen und am geliehenen iPad arbeiten. Man kann aber auch „Probewohnen", denn nicht nur der Spiegel oder das Schränkchen gehören zum kleinen, feinen Verkaufssortiment. Auch der Tisch, an dem man gerade sitzt und die soliden Stühle, ja, die ganze die Einrichtung ist käuflich. Und der Gaumen kommt mit dem Gourmet-to-go-Sortiment aus raffinierten Konfitüren, hochwertigen Ölen, Tartes, Eis und deftigen Baguettes auch nicht zu kurz.

INSIGHTWIESBADEN
Lutz Müller
Taunusstraße 38
65183 Wiesbaden
Telefon 06 11 / 36 00 76 30
www.insightwiesbaden.de

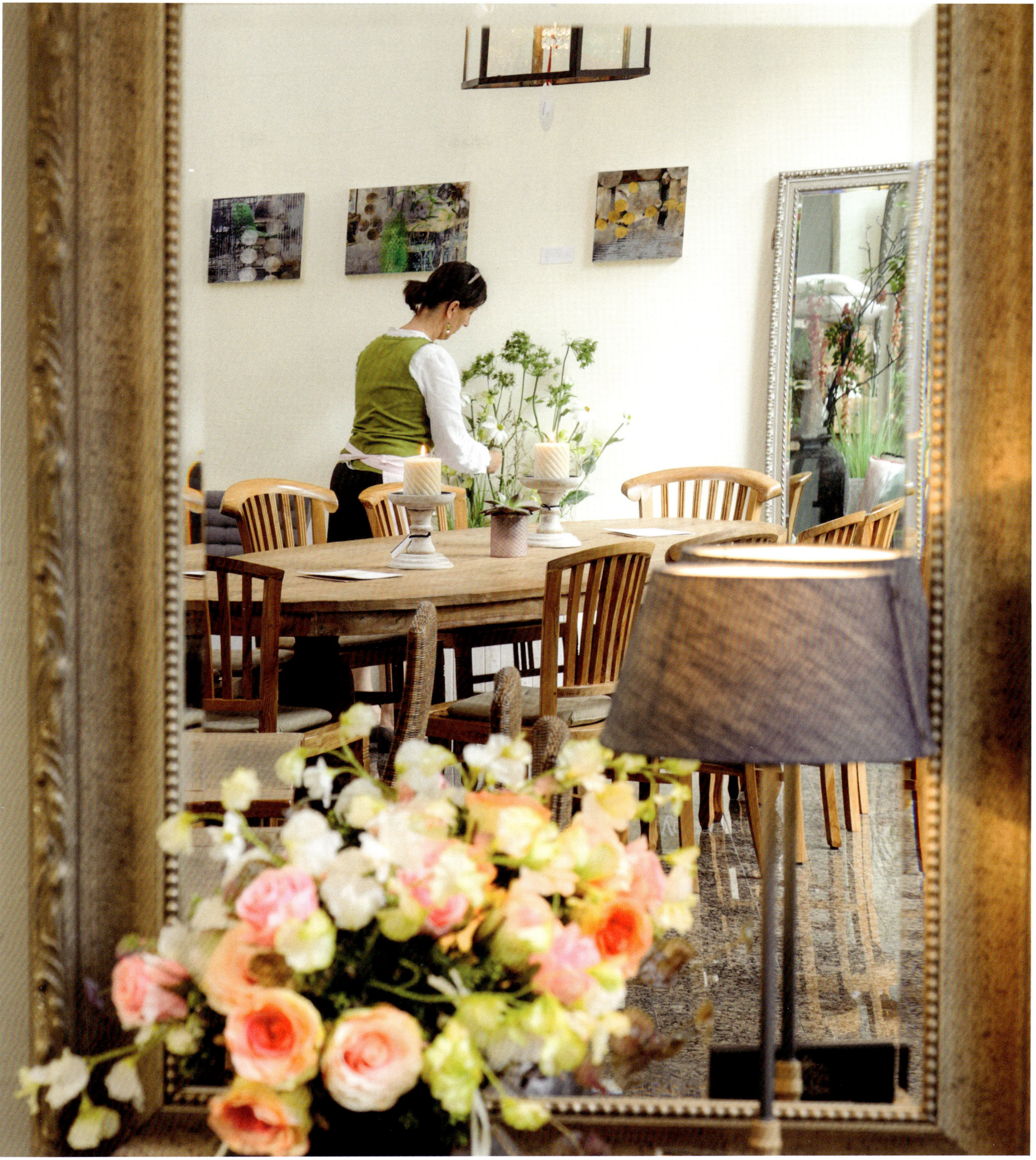

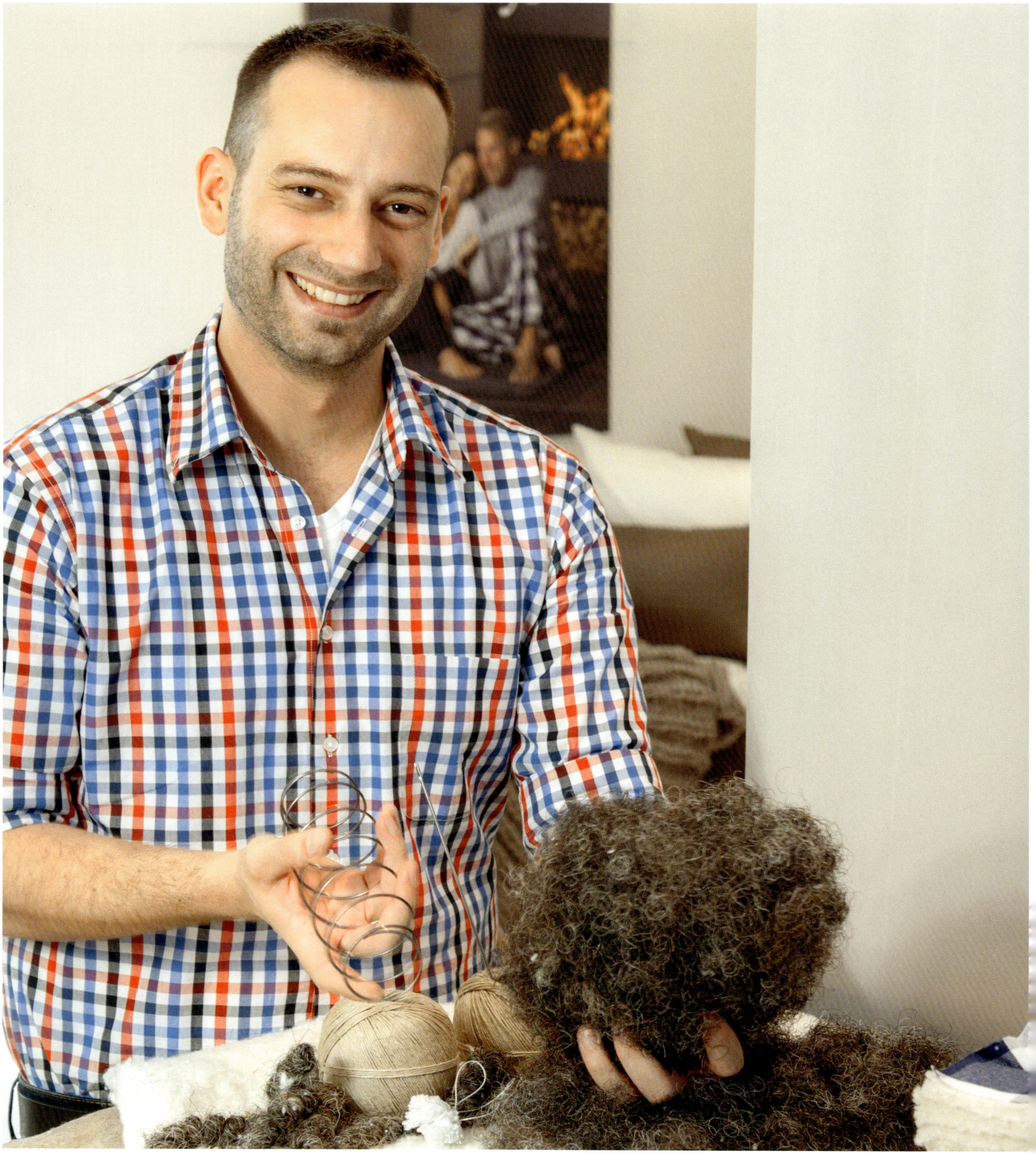

Natürlich schlafen wie auf Wolken

Unser Leben wird immer hektischer: Arbeitsalltag, Termindruck, das Vereinbaren von Familie und Beruf, all diese Anforderungen sorgen für viel Stress, den es zumindest nachts durch guten Schlaf abzubauen gilt. Ein Garant für erholsame Nächte sind die legendären Betten von Hästens. Die handgefertigten Betten aus reinen Naturmaterialien repräsentieren mehr als 160 Jahre Erfahrung im Bettenbau. Denn Hästens ist der älteste Bettenbauer Schwedens. Das traditionsreiche Familienunternehmen bietet seit 1852 unter dem Zeichen des Pferdes hochwertigen Schlafkomfort und verwendet dabei ausgewählte Naturmaterialien wie Rosshaar, Wolle, Baumwolle und Leinen. In Wiesbaden kann man die Hästens-Betten vor Ort prüfen und vor allem auch in zwölf Bettentypen der individuell planbaren Betten probeliegen. Neben Geschäftsführer Bernd Kristofic stehen in der Taunusstraße und in den beiden Frankfurter Hästens Concept Stores fünf fachlich kompetente Mitarbeiter für ausführliche Beratung bereit. „Das Probeliegen ist besonders wichtig, nur so können die Kunden herausfinden, welches Bettmodell für sie passend ist", wissen die Mitarbeiter und geben den Tipp, am besten morgens ausgeruht und noch mit Erinnerung an die Nacht im alten Bett zu kommen und auch Zeit mitzubringen. „Ein Hästens-Bett kauft man nur einmal im Leben", sagt Bernd Kristofic und verweist auf die 25 Jahre Garantie, die es auf das handgefertigte Bett aus Schweden gibt. Keine Maschine kann die handwerkliche Geschicklichkeit der Bettenbauer im Werk in Köping bei Stockholm übertreffen. Das gediegene Handwerk und die Sorgfalt bis ins kleinste Detail lassen sich überall an einem Hästens-Bett feststellen. Der stabile Rahmen (aus massivem nordschwedischem Kiefernholz) und die kräftigen, präzisen Nähte des Stoffes mit dem Stretchstoff der Oberseite tragen zum hervorragenden Gesamteindruck bei. Die Konstruktion besteht aus mindestens zwei aufeinander abgestimmten Federkernsystemen, wobei die dafür verwendeten, in Baumwolltaschen eingesetzten Federn eigens für Hästens hergestellt und patentiert sind. Die Federn sind so individuell miteinander verbunden, dass man es kaum merkt, wenn sich der Partner im Bett umdreht. Die Matratze wird aus ökologisch zertifizierten Naturmaterialien hergestellt, je nach Wunsch des Kunden sogar mit verschiedenen Härtegraden in einer durchgehenden Obermatratze. Zur wahren Wolke macht schließlich der „Topper" das Bett: Er ist das i-Tüpfelchen eines Hästens-Bettes und wird auch nach Wunsch des Kunden aus Wolle und dem besonders feuchtigkeitsregelnden Rosshaar angefertigt. Bis zu 160 Stunden Handarbeit stecken an Aufwand in einem Hästens-Bett. Das weiß nicht nur das schwedische Königshaus zu schätzen, die Kunden schwärmen international von den angenehmsten Betten der Welt. Wählen kann man im Hästens Store Wiesbaden aus zwei verschiedenen Typen von Boxspringbetten und einer verstellbaren Version dieser Betten in den unterschiedlichsten Größen. Dazu gibt es auch das passende, hochwertige Bettzubehör und das gesamte Angebot an Hästens-Accessoires, von der Daunendecke über die Bettwäsche bis hin zum Pyjama.

HÄSTENS STORE WIESBADEN
Bernd Kristofic
Taunusstraße 7
65193 Wiesbaden
Telefon 06 11 / 20 59 06 30
www.haestens.de

Wo schon John F. Kennedy residierte

Gäste, die bei ihrem Hotelaufenthalt in der Landeshauptstadt Wiesbaden sowohl eine zentrale, verkehrsgünstige Lage als auch eine von Parks und Gärten geprägte Umgebung schätzen, finden im Dorint Hotel die ideale Kombination von beidem. Inmitten der auffallend schönen Architektur der historischen Villen und großzügig angelegter Parks liegt das Dorint Pallas Wiesbaden mit dezentem Luxus, moderner Ausstattung sowie einer traditionellen hessischen Gastlichkeit.

Wiesbadens größter Hotel-Ballsaal und eine 2000 Quadratmeter große, befahrbare und zudem beliebig aufteilbare Konferenzetage mit 13 multifunktionalen Veranstaltungsräumen machen das Tagungshotel zu einem echten Veranstaltungs-Allrounder, der sich sowohl für Kongresse, Seminare, Präsentationen oder Firmenjubiläen als auch für Familienfeiern eignet. Bei der Gestaltung des Interieurs des luxuriösen Tagungshotels haben die Designer besonderen Wert auf klare Ästhetik und exklusive Gemütlichkeit gelegt. Lediglich der breite Flur erinnert an das ehemalige Hotel der US Army, als welches das Dorint Hotel im Jahr 1954 errichtet wurde. Insgesamt 297 Zimmer und Suiten entsprechen dem exquisiten Stil, den die Gäste des Hotels überaus schätzen. Juwel des Hauses, in dem bereits John F. Kennedy logierte, ist die gleichnamige Präsidentensuite in der siebten Etage. Von dort genießen die Gäste einen wunderbaren Blick über die Dächer der hessischen Landeshauptstadt.

Dinner und Frühstück können wahlweise im Restaurant oder während der warmen Sommermonate auf der größten Sonnenterrasse Wiesbadens, der Garden View Terrasse, eingenommen werden. Angeboten wird eine ökologisch nachhaltige und saisonale Küche mit regionalen Gerichten, zu denen nebst erlesenen internationalen Weinen selbstverständlich auch Weine aus dem benachbarten Rheingau angeboten werden. Bei der Zubereitung der Speisen legt die Küche ebenfalls gesteigerten Wert auf regionale Produkte, die aus dem Rheingau, dem Taunus, Rheinhessen und der Hochröhn bezogen werden. Die regionalen Spezialitäten sowie das üppige, sonntägliche Frühstücksbuffet sind nicht nur unter den Hotelgästen besonders beliebt, auch Wiesbadener lassen sich hier gerne kulinarisch verwöhnen.

Die Nutzung des Wellnessbereichs hingegen ist lediglich den Hotelgästen vorbehalten. Der 400 Quadratmeter große „Relax Spa" bietet den Gästen vielfältige Entspannungsmöglichkeiten, um sich rundum zu erholen. Während Sauna und Whirlpool, Caldarium, römisches Dampfbad und verschiedene Massagen für wohltuende Entspannung sorgen, bietet der Fitnessbereich mehrere Möglichkeiten für ein sportliches Training.

DORINT PALLAS WIESBADEN
Neue Dorint GmbH
Hoteldirektor: Jörg Krauß
Auguste-Viktoria-Straße 15
65185 Wiesbaden
Telefon 06 11 / 3 30 60
www.dorint.com/wiesbaden

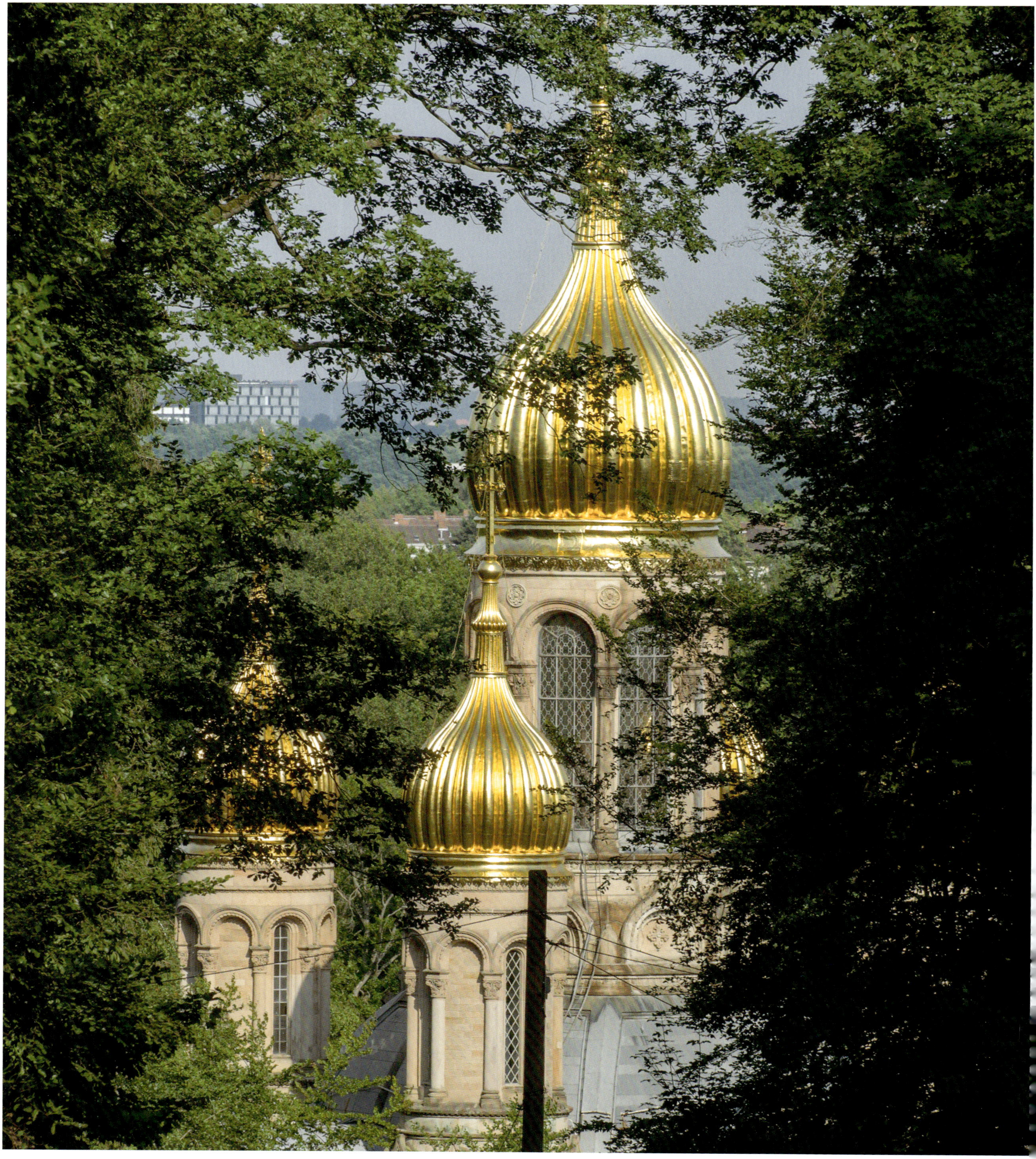

Wiesbaden, die Stadt des vielfältigen Genusses

In der Landeshauptstadt wird viel gefeiert. Wiesbaden lockt mit zahlreichen Festen rund um Wein, Kultur und Sport.

In Wiesbaden wird gerne gefeiert: Gleich mehrere große Feste, Bälle, Turniere und Galas, die hier das ganze Jahr über stattfinden, locken die Prominenz des Bundeslandes und aus aller Welt in Hessens Landeshauptstadt. Das kommt nicht von ungefähr, denn Wiesbaden punktet nicht nur mit seinen schönen Anlagen und prachtvollen Bauten aus der Kaiserzeit. Wiesbaden ist auch eine der wenigen Städte, in denen Weinbau betrieben wird. So zum Beispiel auf dem Neroberg. Der Hausberg der Landeshauptstadt mit der russischen Kapelle, deren vergoldete Kuppeln hoch über der Stadt leuchten, gehört zu den schönsten Ausflugszielen in Wiesbaden. Man erreicht ihn mit der legendären Nerobergbahn, einer Standseilbahn von 1888. Hier oben auf dem Neroberg wächst sogar echter Wiesbadener Wein. Die zur Innenstadt gehörende Einzellage wird bewirtschaftet von den Hessischen Staatsweingütern Kloster Eberbach.

Wiesbaden gehört mit zahlreichen Weinbaulagen in seinen Stadtteilen Frauenstein, Kostheim und Dotzheim zur Weinbauregion Rheingau – kein Wunder, dass das kulturelle und vor allem das gastronomische Leben von Wein und Sekt stärker geprägt ist als in anderen deutschen Großstädten. So steht zum Beispiel in der Paulinenstraße die Söhnlein-Villa, die wegen ihres Washingtoner Vorbilds auch „Weißes Haus" genannt wird. Mit der Henkell & Co. Sektkellerei KG hat einer der bekanntesten deutschen Sekt-Erzeuger seinen Hauptsitz und Produktionsstandort in Wiesbaden. Und während der Rheingauer Weinwoche Anfang August werden der Schlossplatz am alten Rathaus und das Dernsche Gelände zur „größten Weintheke der Welt". Viele Weingüter aus allen Weinbaugemeinden des Rheingaus präsentieren hier ihre Weine und Sekte. Mehr als 1000 verschiedene Weine und Sekte werden dann an über 100 Weinständen der Rheingauer Winzer ausgeschenkt. Unter dem Motto „Bekanntes und Neues entdecken, probieren und genießen" gibt es neben Wein natürlich auch immer viel Musik mit rund 50 Bands auf drei Bühnen und ein reichhaltiges kulinarisches Angebot für wirklich jeden Geschmack. Und das alles in einem einmaligen Ambiente, der Riesenkulisse vor der Marktkirche, auf dem Schlossplatz und dem Dernschen Gelände. Die Weinwoche ist ein Inbegriff für Gastfreundlichkeit, Geselligkeit und

Golden leuchten die Kuppeln der russisch-orthodoxen Kirche (großes Foto linke Seite), während die Weinmajestäten auf der Rheingauer Weinwoche (u.) mit edlen Tropfen auf die neue Ernte anstoßen

Fröhlichkeit, bestätigten auch immer wieder die Rheingauer Weinköniginnen, die hier natürlich ebenfalls mitfeiern. Ihren Höhepunkt findet die Weingeselligkeit jedes Jahr im „Ball des Weins" in den festlich geschmückten Sälen des Kurhauses. Auf Einladung des Verbands Deutscher Prädikatsweingüter (VDP) versammeln sich bis zu 1500 Ballgäste, die dann stets 60 bis 70 Spitzenweine probieren können, darunter auch Weinraritäten und alte Weine. Ein Muss für Genießer!

Ein weiteres Highlight ist der große „Ball des Sports", den die Deutsche Sporthilfe alljährlich veranstaltet. Rund 1800 geladene Gäste aus Sport, Wirtschaft, Politik, Kultur und Medien treffen sich zu dieser exklusiven Veranstaltung, die ganz im Dienste des Spitzensports steht. Die Erlöse aus dem Verkauf von Eintrittskarten, Inseraten sowie aus der Tombola gehen direkt an die Stiftung. Dem Sport ist Wiesbaden auch durch das legendäre Pfingstturnier im weitläufigen Landschaftspark am Biebricher Schloss besonders verbunden. Die internationale Reitsportelite trifft sich hier jedes Jahr an Pfingsten und bietet vier Tage lang Pferdesport auf höchstem Niveau. Rund 65 000 Zuschauer schätzen die einmalige Atmosphäre des Biebricher Schlossparks, in der das internationale Reit- und Springturnier stattfindet. Das Wiesbadener Pfingstturnier ist ein sportlicher Höhepunkt mit langer Tradition. Schon seit 1929 wird das Turnier vom Wiesbadener Reit- und Fahrclub (WRFC) organisiert und hat sich seitdem von einem lokalen Wettbewerb zu einer festen Größe im internationalen Turniersport entwickelt. Die Wettkämpfe werden auf Weltklasseniveau ausgetragen, aber auch Nachwuchspferde und junge Reiter bekommen auf dem historischen Turnierplatz die Chance, erste Erfahrungen auf der „großen Bühne" zu sammeln.

Vorbote für das Turnierwochenende an Pfingsten ist jedes Jahr der große Kutschenkorso durch die Wiesbadener Innenstadt. Entlang der Prachtstraße Wiesbadens, auf der Wilhelmstraße am Kurpark, präsentieren sich die Pferde, Kutschen und Reiter den begeisterten Zuschauern. Kurz danach, Mitte Juni, verwandelt sich die große Allee mit den exklusivsten Geschäften, Restaurants und Hotels der mondänen Kaiserstadt in ein riesiges Festgelände: Auf der „Rue" sowie auf dem Bowling Green vor dem Kurhaus, am Warmen Damm und in der Burgstraße wird an drei Tagen mit Musik, Show und kulinarischen Genüssen gefeiert. Seit 1977 bietet das „Theatrium" neben einem abwechslungsreichen Musikprogramm auf vier Bühnen gute Unterhaltung mit Gauklern, Komödianten und Straßenmusikanten und einen beliebte Kunsthandwerkermarkt mit rund 140 Ausstellern.

Und schließlich klingt in Wiesbaden das Jahr stets mit dem wunderschönen Sternschnuppenmarkt aus, einem stimmungsvollen Weihnachtsmarkt rund um die Marktkirche am Rathaus, bei dem man sich zum Bummeln und Geschenke einkaufen trifft und in geselligen Runden nach Büroschluss einen Glühwein trinkt.

Barocker Dachschmuck auf Schloss Biebrich (u. l.) direkt am Rheinufer. Blick auf das Kurhaus, die Kolonnaden, das Staatstheater und Bowling Green (u. r.). Kirschblüte im malerischen Stadtteil Frauenstein (großes Foto rechte Seite)

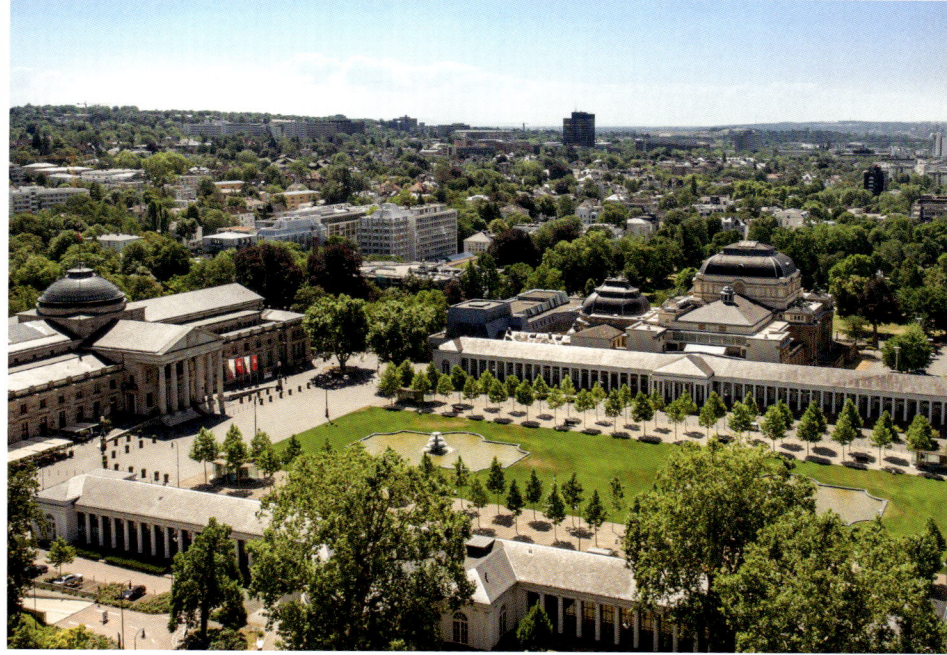

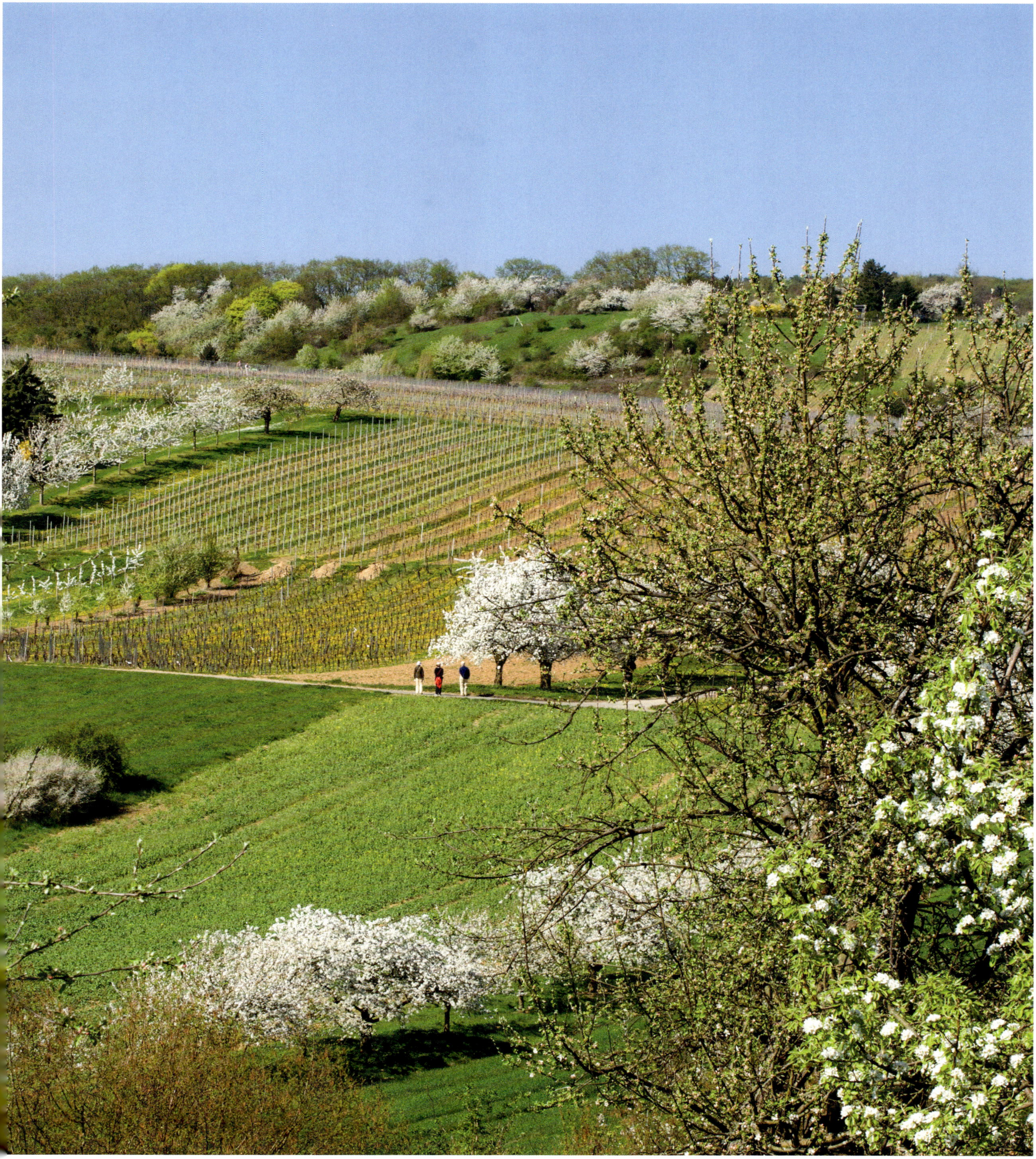

Das „Weiße Haus" in Wiesbaden: die Villa Söhnlein-Pabst, erbaut Anfang des 20. Jahrhunderts für den Sektfabrikanten Friedrich Wilhelm Söhnlein

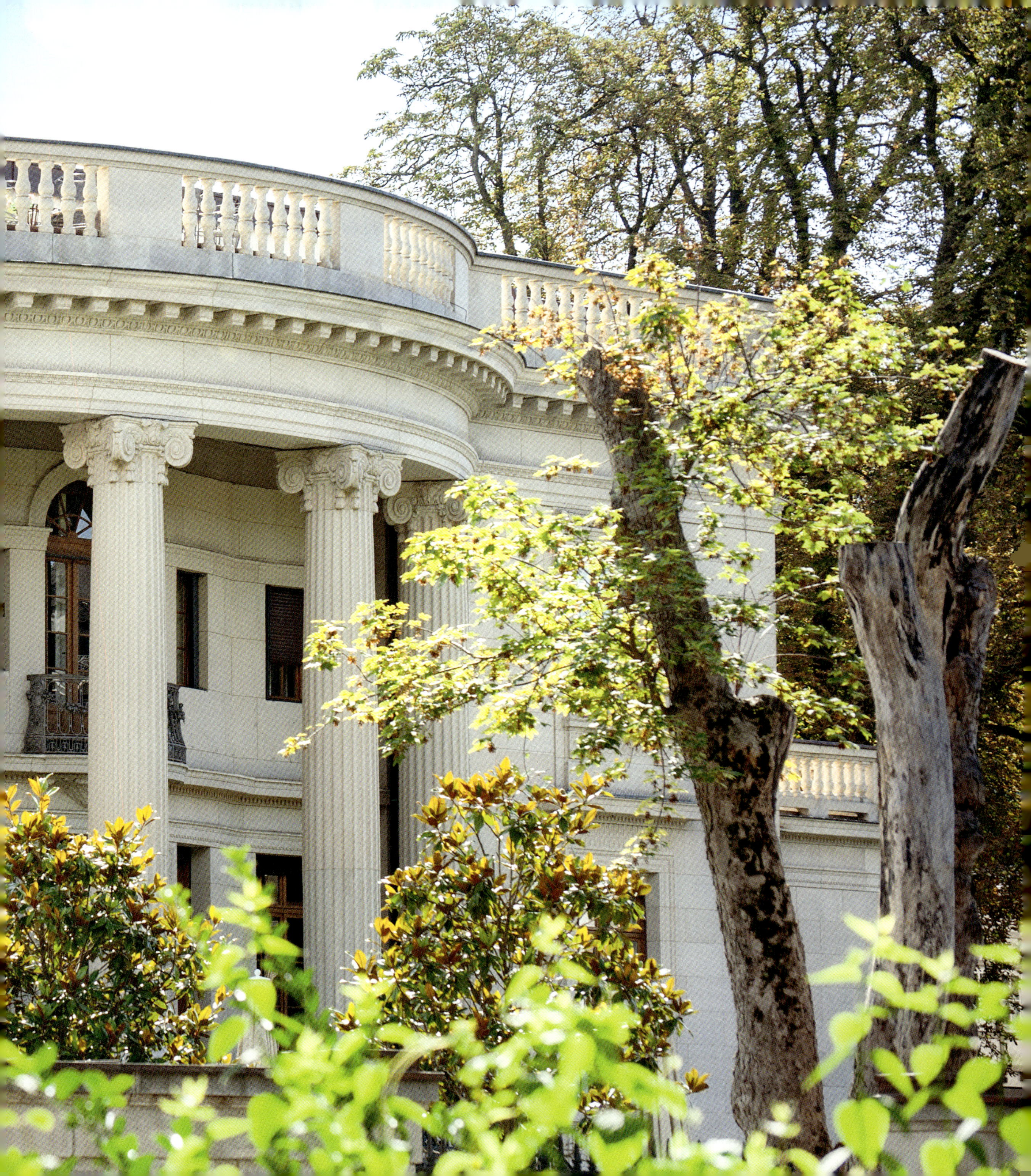

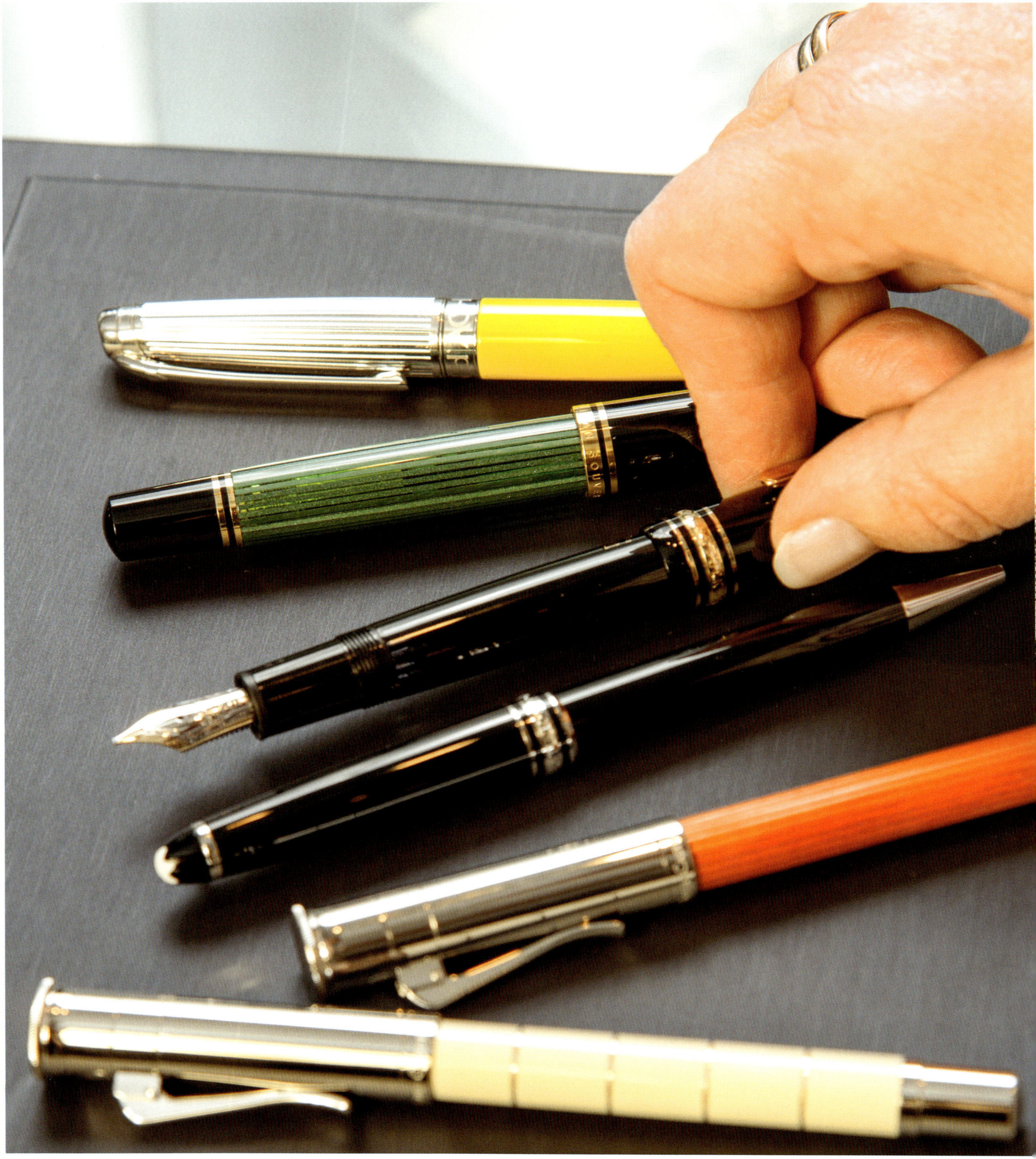

Der Papierladen – Die schönen Seiten des Schreibens

Mit weißen Handschuhen nimmt die junge Mitarbeiterin den wertvollen Füllfederhalter aus der Vitrine. Ein dunkelhäutiger Mann mit Turban ergreift das Schreibgerät der legendären Marke Montblanc ehrfurchtsvoll und lässt die goldene Feder sanft zum ersten Mal über den weißen Bogen Papier gleiten: Den schönen Seiten des Schreibens haben sich Beate Rexroth und ihr Mann in ihrem Fachgeschäft „Der Papierladen" in der Wiesbadener Arcade an der Wilhelmstraße angenommen, und Kunden aus der ganzen Welt schätzen die freundliche und fachgerechte Beratung der Spezialisten für Schreibgeräte, Papier und die schönen Kleinigkeiten, die das Schreiben mit der Hand im multimedialen Zeitalter zu etwas ganz Besonderem machen.

Schon 1985 gründete Beate Rexroth den Papierladen in der Arcade. Anfangs deckte sich die Fachhändlerin stets auf Auslandsmessen ein, was ihren guten Ruf zusätzlich untermauerte. So gehörte sie zu den Ersten in Deutschland, die die damals noch nahezu unbekannte Marke Filofax führten. „Mein Sortiment ist sowohl mit meinen Vorlieben als auch mit dem Bedarf der Kunden gewachsen", sagt Beate Rexroth.

Und der Erfolg spricht für sich: 2000 expandierte Beate Rexroth und zog innerhalb der Arcade nur wenige Meter gegenüber in ein großzügiges, schönes, ganz nach den Ansprüchen des Papierladens umgebautes Geschäft. Auf 80 schön gestalteten Quadratmetern werden nun exquisite Schreib- und Geschenkpapiere, Schreibgeräte weiterer ausgewählter Marken wie Graf von Faber-Castell, Pelikan und Caran d'Ache, edle Büroaccessoires, Lederartikel wie edle iPad- und Aktentaschen sowie ausgesuchte Saisonartikel wie Kalender oder Weihnachtsschmuck angeboten.

Eine Portalvitrine hinter der Kassentheke, die seitlich Regalböden für Prospektmaterial hat, teilt das Geschäft optisch in zwei Hälften. Auf der einen Seite die hochwertigen Schreibgeräte, Lederartikel und Zeitplaner, auf der anderen das Papeterie-Sortiment. Die Kassentheke mit Granitbelag und einer eleganten, stabilen Taschenablage ist optisch auf die Schreibgeräte- und Lederwarentheken abgestimmt. Wunderschön passend auch die Kalligraphiearbeiten einer Künstlerin, die hier ausgestellt sind.

Die eleganten Schreibgeräte der Firma Montblanc sind im Papierladen in Wiesbaden ganz exklusiv und in einer Auswahl zu haben, die ihresgleichen sucht. Das schätzen auch die treuen Kunden, die aus Wiesbaden, dem Rhein-Main-Gebiet und aus der ganzen Welt immer wieder gerne hierherkommen: Der Mann mit Turban hat sich den Füllfederhalter mit der verzierten Goldfeder in einen schönen Karton packen lassen und nimmt ihn in einer Papiertüte, auf der „Die schönen Seiten des Schreibens" steht, mit in seine ferne Heimat.

DER PAPIERLADEN
Beate Rexroth
Wilhelmstraße 38
Arcade
65183 Wiesbaden
Telefon 06 11 / 37 34 86
www.der-papierladen.de

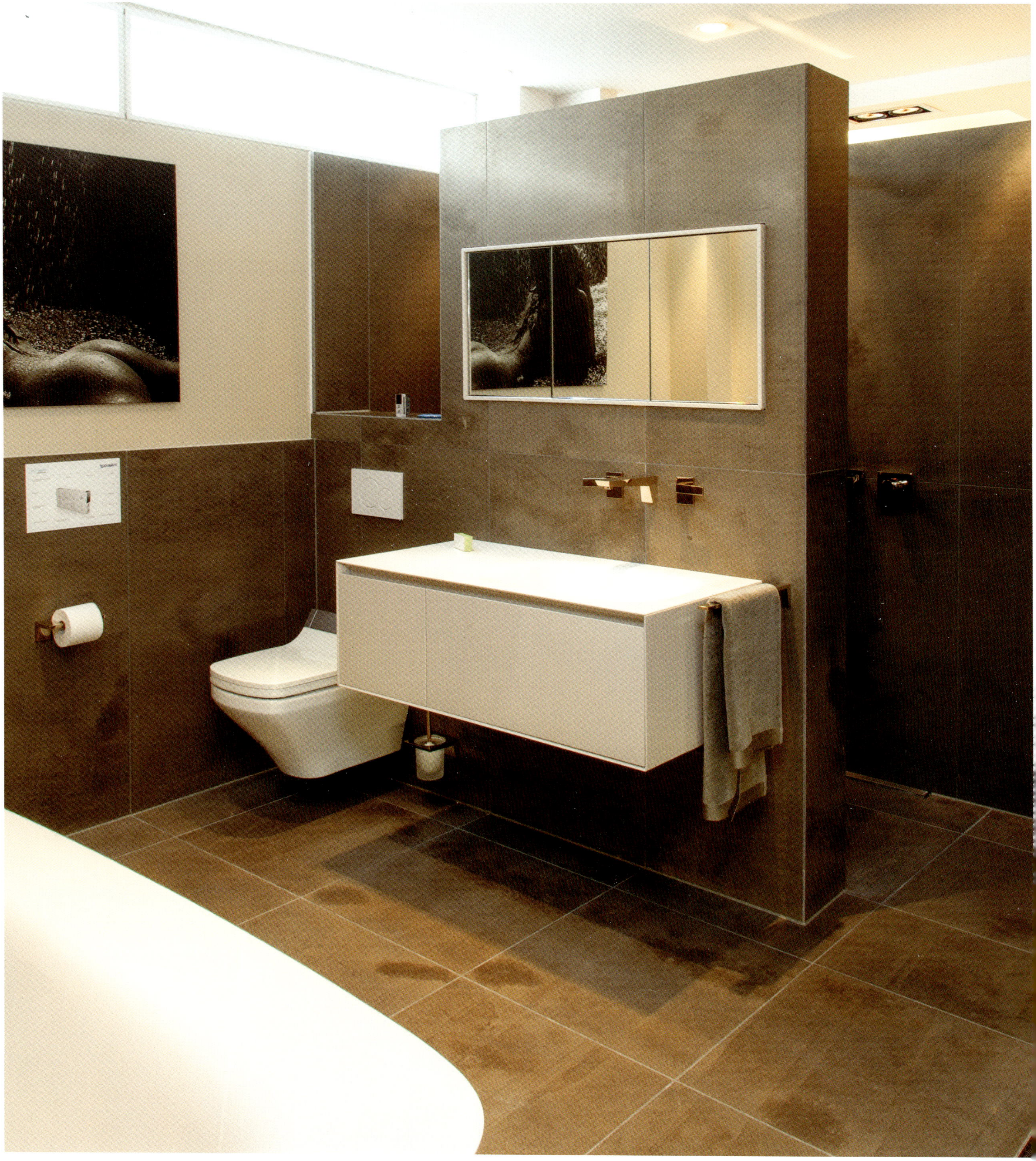

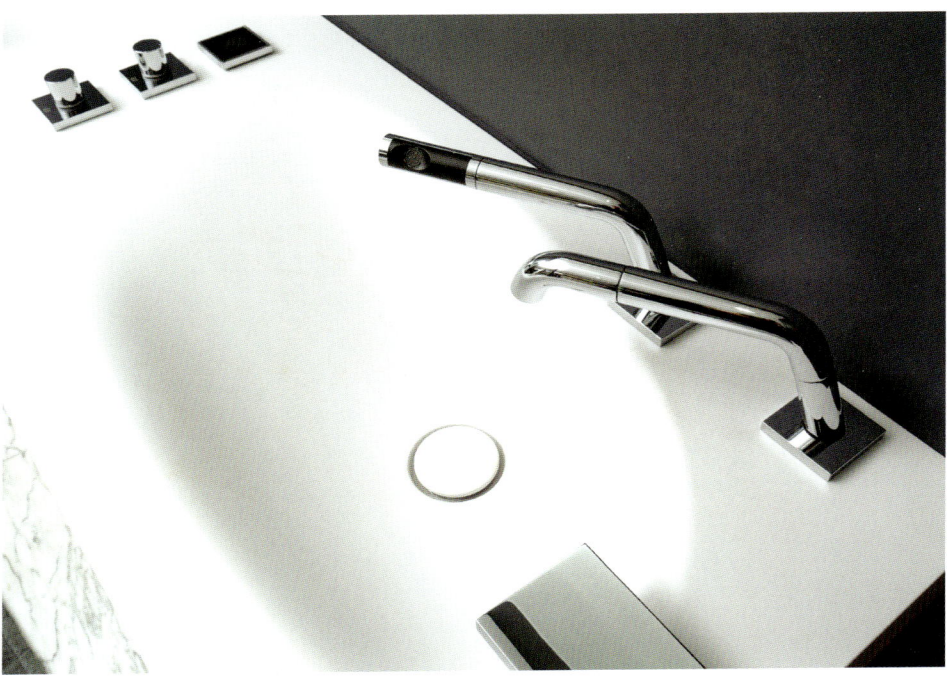

Von Traumbädern und Wohlfühloasen

Wasser ist nicht nur zum Waschen da. Diese Zeiten sind in heutigen Badezimmern längst vorbei, wie die Badmanufaktur Roth in Wiesbaden beweist: Da reicht schon ein schöner Sessel neben der ebenerdigen Duschinsel, der zum Relaxen einlädt und das kleine, aber feine Bad zur Wohlfühloase macht. Egal, ob kleines Badezimmer, große Wellnessanlage mit Sauna und Whirlpool oder auch hauseigenes Schwimmbad: Die Badmanufaktur Roth in Wiesbaden macht Badträume wahr und verwandelt jedes Bad in einen ganz persönlichen Spa- und Wellnessbereich. „Sanus per Aquam" ist schließlich schon seit Sebastian Kneipp als Gesundheitsprävention bekannt. Die Badmanufaktur Roth bietet dieses bewährte Konzept in moderner Form als Life Style an.

Thomas Roth wurde die Liebe zu schönen Bädern in die Wiege gelegt, wie die 90-jährige Handwerkertradition im Hause Roth beweist. Schon Großvater Philipp und Vater Franz waren Spengler, Rohrschlosser und Gas- und Wasserinstallateure. Deshalb liegt bei Familie Roth- wie der Name „Badmanufaktur" schon sagt – die Betonung immer auf Handarbeit von der Idee über die Planung bis hin zur Ausführung. Die qualitativ hochwertige Ausführung aller Gewerke bis hin zu Heizung, Lüftung und Sanitär ist bei Fachmann Thomas Roth und seinem kompetenten Team garantiert. Schließlich steht man seit über 90 Jahren im Dienst des Kunden. Und auch die neue Generation steht mit frischen Ideen schon parat: Christian Roth ist ein engagierter Baddesigner, der die Premium-Kunden auf seiner Seite hat. Damit ist die Badmanufaktur Roth in vierter Generation ein renommiertes Unternehmen, das – ausgezeichnet mit dem Qualitätssiegel von Aqua Cultura – zu den führenden Badeinrichtern Deutschlands gehört. In der Ausstellung in der Wilhelmstraße gibt es inspirierende Bäder zum Anfassen und fachliche Informationen über die neuesten Trends und die modernste Technik. Hier sprudeln Ideen für die Gestaltung exklusiver Wellness-Oasen in diversen Stilrichtungen, kompetente Beratung inklusive. Inspirationen für kleine und große Bäder, stilvolle Design-Badmöbel, Armaturen, edle Badobjekte und innovative Technik in Kombination mit ausgewählten Materialien – all das bietet die Ausstellung. Schöne Hölzer, Natursteine und hochwertige Hightech-Materialien regen zur ganz persönlichen Gestaltung von Bad-, Spa- und Wellnessbereichen an. „Hier kann man das ultimative Duscherlebnis genießen nach dem Motto ‚Alle reden vom Wetter, wir wissen, wie man Regen macht'", so Christian Roth. Die außergewöhnlichen Raumkonzepte sollen anregen, erlebbare Räume zu schaffen, erläutern Gerlinde und Thomas Roth ihr Anliegen, dem Kunden mit ihren Ideen zu helfen, die für ihn ideale Badeinrichtung zu finden. „Wir wollen die Inspiration sein, mit der man sein Zuhause in eine ganz persönliche Wohlfühloase verwandelt." So hat sich Familie Roth, dem Trend entsprechend, die einstige Nasszelle in wahre Traum- und Wohnbäder zu verwandeln, längst auch auf fachliche Innenarchitektur für eine harmonische Wohnraumgestaltung spezialisiert.

BADMANUFAKTUR ROTH
Thomas Roth KG
Wilhelmstraße 18
65183 Wiesbaden
Telefon 06 11 / 40 09 98
www.badmanufaktur-roth.de

Schönes Innenleben streichelt die Seele

Hektik und Unruhe bestimmen unseren Alltag: Hetzen, Arbeiten, Rennen, Laufen und Termine einhalten. Da benötigt man einen Ausgleich, eine Entschleunigung, ein „Innenleben" für die Seele. Alle schönen Dinge, die man dafür brauchen kann, finden sich maßgeschneidert im gleichnamigen Geschäft von Lale Knarr in der Arcade. Innenleben bietet nicht nur dekorative Accessoires, die das Wohnen so schön machen, Lale Knarr gelingt es auch, mit ihrer ganz individuellen Handschrift neue Trends für ihre Kunden zu setzen und sie mit viel Einfühlungsvermögen zu beraten.

Schon fast zwei Jahrzehnte vor Ort in Wiesbaden, in einem einladenden, großzügigen Ladengeschäft in der Arcade an der Wilhelmstraße, ist Lale Knarr bei Kunden aus der ganzen Welt für ihr ansprechendes Angebot bekannt. Innenleben ist ein Concept Store, der elegantes Wohnen mit ausgewählter Mode kombiniert: Das Programm umfasst von edlem Porzellan und silbernen Kerzenleuchtern über exklusive Bettwäsche und weiche Kaschmirdecken bis hin zu hochwertigen Gläsern und trendigen Dekorationen alles, was man für ein schönes Zuhause braucht. Hochgeschätzt bei den Kunden ist auch die ganz persönliche Beratung der Fachfrau für dekorative Innengestaltung. Viel Zeit nimmt sich Lale Knarr für ihre Kunden und berät sie gerne ausführlich bei der Anschaffung wertvoller Silberbestecke, Porzellanservice oder anderen schönen Dingen des Lebens. Zur Seite steht ihr dabei ein freundliches Mitarbeiterteam mit fachlicher Kompetenz. Und längst nicht nur Damen sind bei Innenleben gerne Kunden, auch Männer fühlen sich von den exquisiten Angeboten, zum Beispiel an Steakmessern oder Weingläsern, sehr angesprochen.

Auch modisch setzt Lale Knarr mit ausgesuchten Designern besondere Akzente. Mit viel Liebe zum Detail entdeckt sie immer wieder interessante Designer und anspruchsvolle Kollektionen. Zu den Modekollektionen gehören auch passende Accessoires an Gürteln, Tüchern und Taschen von namhaften Herstellern. Die weichen, farbintensiven Tücher aus Kaschmir oder Seide schmeicheln im rauen Alltag der Seele des Trägers. Dazu gibt es passende, elegante Longchamp-Taschen mit echtem Pariser Chic und edle Ledergürtel in vielen Ausführungen, zu denen man ganz individuell eine modische Schmuckschließe wählen kann. Hochwertiger Modeschmuck wie stylische Ketten und Armbänder ergänzen das ausgewählte Sortiment.

INNENLEBEN WOHNEN & DEKORATION GMBH
Lale Knarr
Wilhelmstraße 36-38
Arcade
65183 Wiesbaden
Telefon 06 11 / 37 68 66
www.innenleben-wiesbaden.de

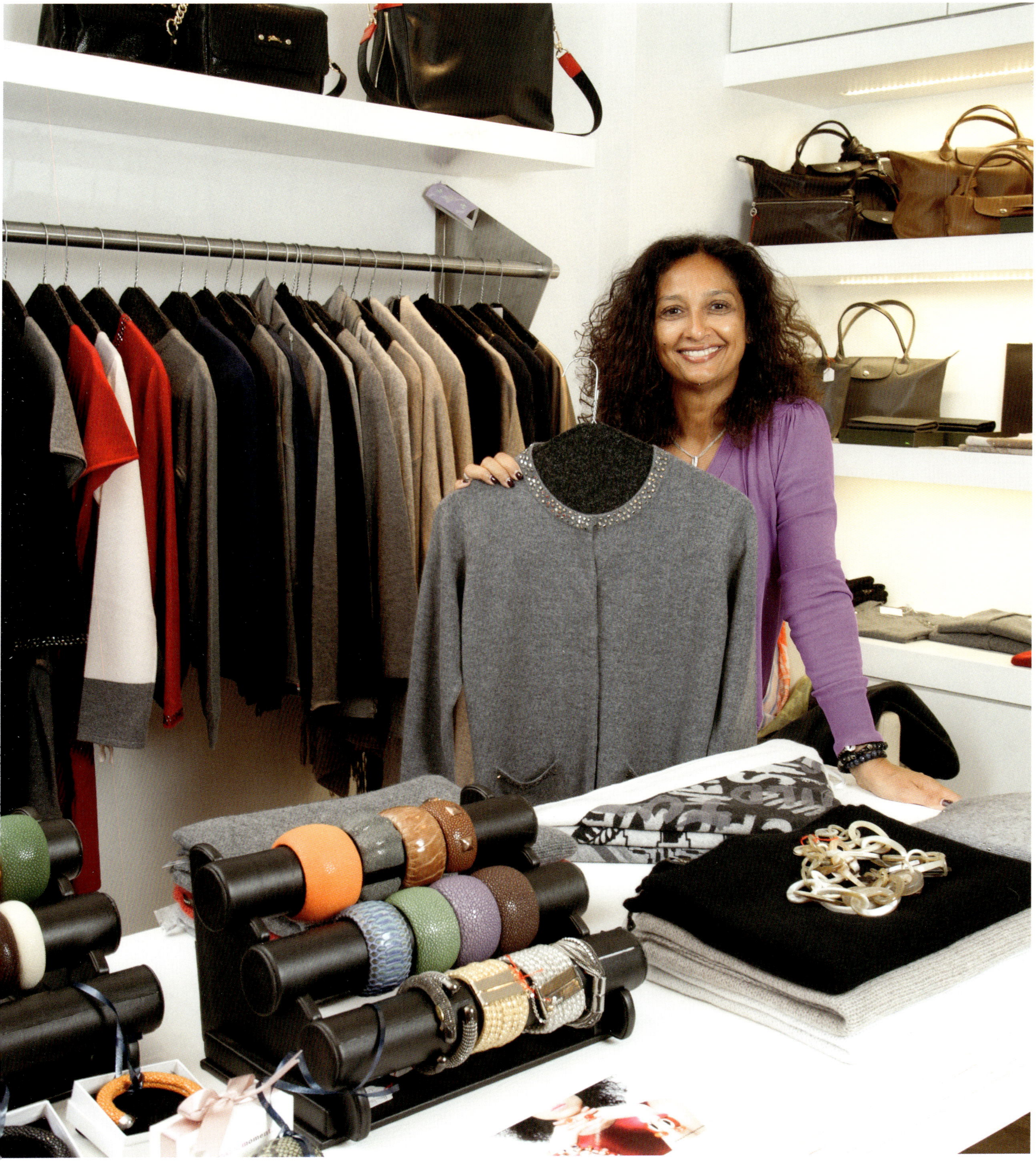

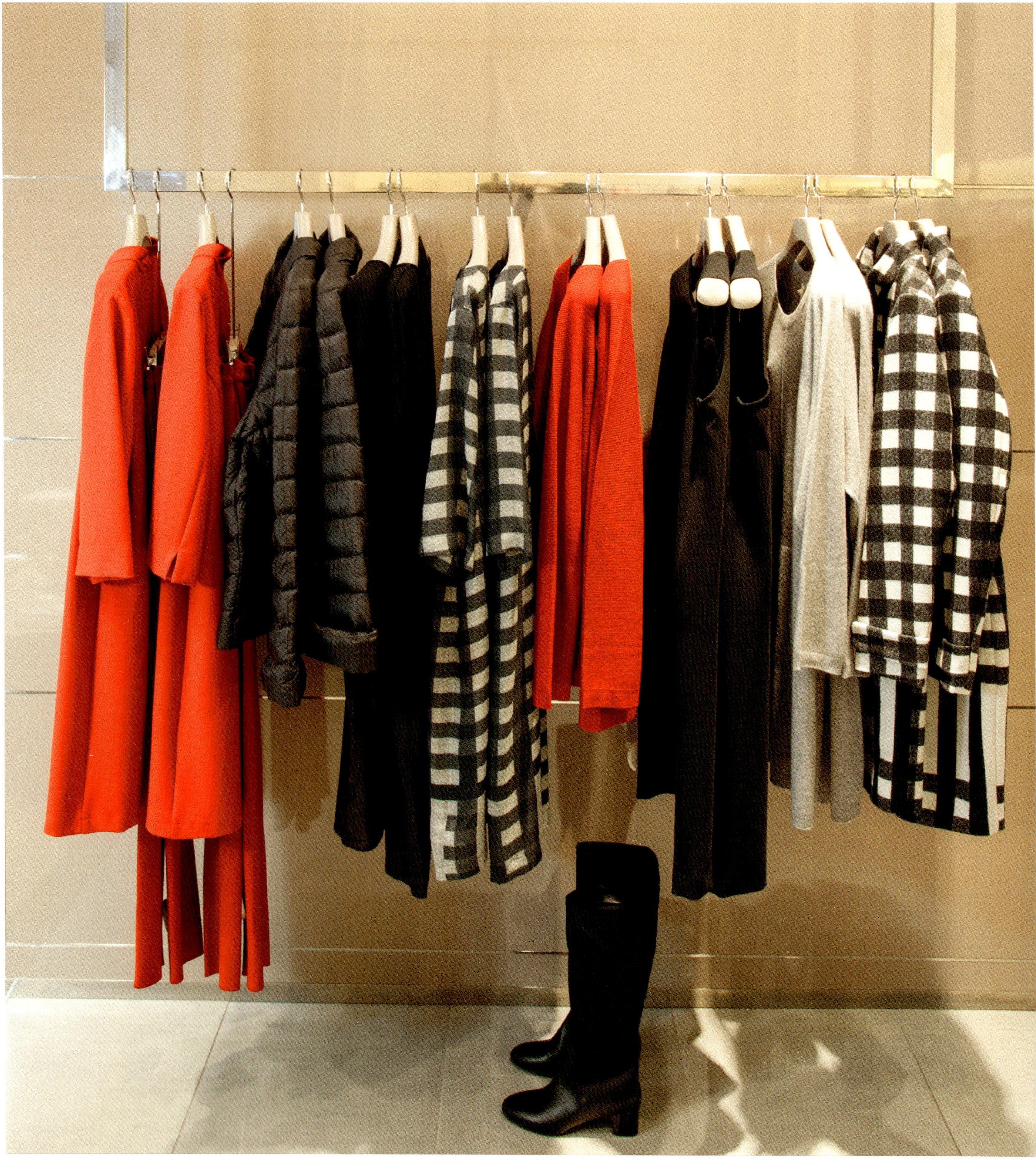

Individuelle Weiblichkeit steht im Mittelpunkt

Jede Frau ist schön, und Mode sollte ihre individuelle Weiblichkeit unterstreichen. Gerade jedoch kurvige Frauen haben oft das Problem, schöne, sinnliche und feminine Mode zu finden, die exquisit verarbeitet ist. Brigitte Stolz kennt dieses Problem: „Ich weiß genau, wie es ist, wenn man in einer Komfortgröße nichts findet, was Stil mit einer individuellen Note und einem perfekten Schnitt kombiniert. Marina Rinaldi hat mich überzeugt, endlich fand ich komfortable Passformen und sehr hochwertige Verarbeitungen." Und genau das gibt sie in Wiesbaden in ihrem eigenen Store mit viel Freude an ihre Kundinnen weiter. Früher musste man weit reisen, um die Kollektionen des italienischen Labels Marina Rinaldi erleben zu können. Jetzt bietet Brigitte Stolz die Mode der zur bekannten Max Mara Fashion Group gehörenden Marke in der Wilhelmstraße an. Die Mode aus Italien feiert die weiblichen Formen mit klaren Schnitten, strengen Linien und einer Dosis edlem Luxus. „Nicht kaschieren, sondern richtig betonen und inszenieren ist die Markenphilosophie von Marina Rinaldi", erläutert Brigitte Stolz. Denn auch starke Frauen müssen nicht auf trendige Farben und modische Schnitte verzichten. Im Gegenteil, die Luxusmode von Marina Rinaldi macht keine Kompromisse, sondern gibt der Trägerin einen selbstwussten Auftritt, ob glamourös, businesslike oder sportlich. Das wissen mittlerweile viele Kunden aus dem ganzen Rhein-Main-Gebiet und der ganzen Welt, von Russland bis in den arabischen Raum, zu schätzen. „Sie sind vom Typ her starke, anspruchsvolle Persönlichkeiten, die mitten im Leben stehen und wissen, was sie wollen", so Brigitte Stolz. Sie und ihr Team beraten die Kundinnen fachkompetent und mit Einfühlungsvermögen wie gute Freundinnen. Ziel sei es, dass jede Frau den Store glücklich verlässt.

Mit viel Feingefühl stellt Brigitte Stolz mehrmals im Jahr aus der Kollektion des sinnlichen und femininen Labels Marina Rinaldi ihre eigene Auswahl zusammen, die den Kundinnen dann in den Größen 44 bis 54 im Store in Wiesbaden zur Verfügung steht. Die Marke Marina Rinaldi entstand 1980: Der Großmutter des Max Mara-Gründers Maramotti, die Ende des 19. Jahrhunderts ein Luxus-Schneideratelier in Reggio Emilia leitete und damals schon ein modernes Verständnis von Prêt-à-Porter hatte, ist die Modemarke Marina Rinaldi gewidmet. Sie ist Trendsetter in Sachen italienisch inspirierter Luxusmode für starke Frauen. Die perfekte Balance von Zeitlosigkeit, hochwertigen Materialien und elegantem Chic ist es, die die Mode von Marina Rinaldi international so beliebt macht. Dazu gehören auch elegante Accessoires wie Seidenschals, Pelze, Handtaschen und schicke italienische Schuhe oder Stiefel mit extraweitem Schaft, die den Look perfekt machen. „Diese Mode ist Lebensfreude und Kreativität, an ihr hat eine Trägerin lange Freude", weiß Brigitte Stolz aus eigener Erfahrung.

MARINA RINALDI
Brigitte Maria Stolz
Wilhelmstraße 52 a-c
65183 Wiesbaden
Telefon 06 11 / 34 19 88 68
www.mr-wiesbaden.de

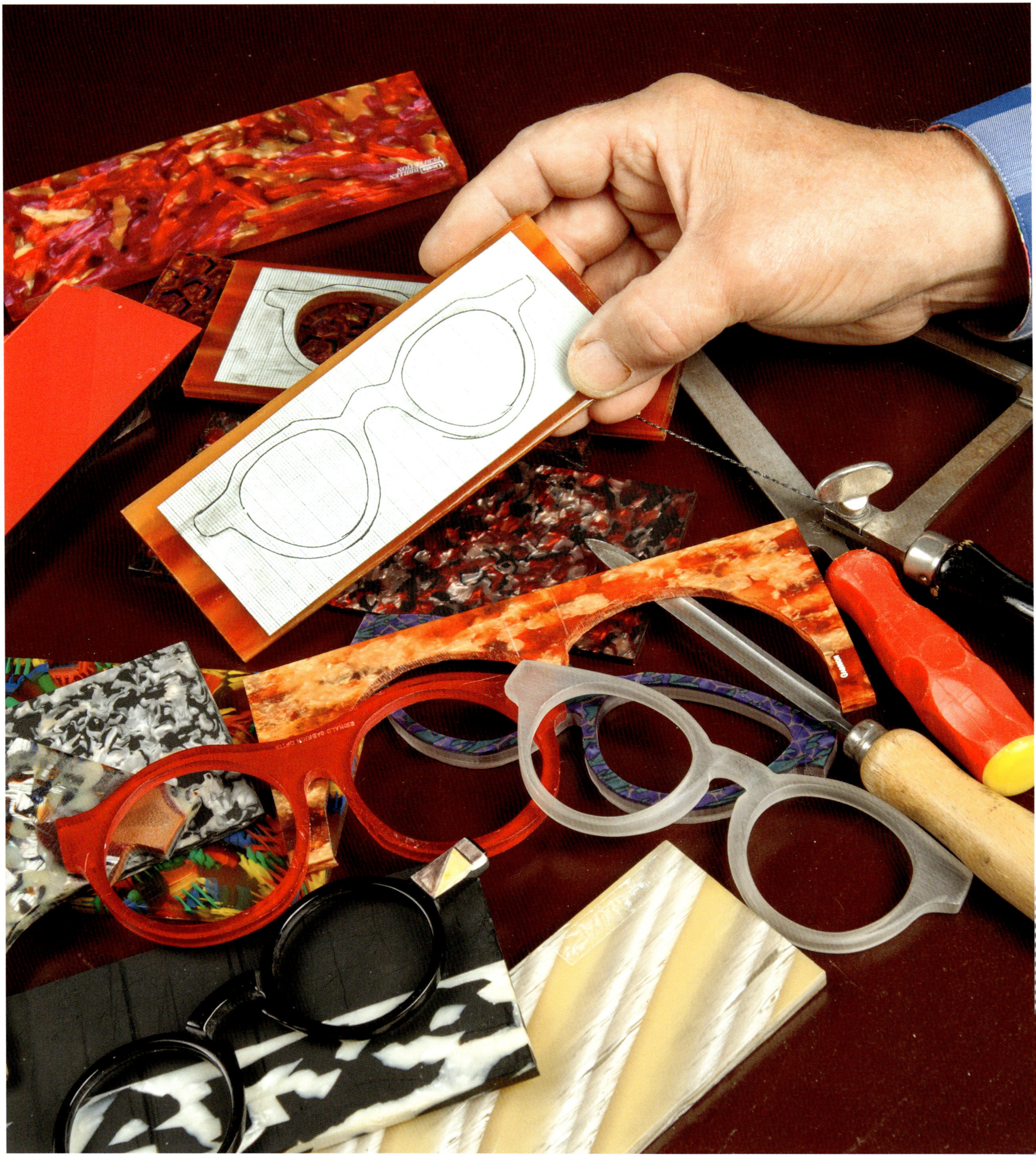

Meister der Brillen

"Wunderschön, genau so hatte ich mir meine Brille vorgestellt", kommentiert die elegante Dame aus Paris und begutachtet ganz verzückt ihr Spiegelbild. Donald Gabrich hat es verstanden, sie glücklich zu machen: mit seiner in Deutschland sehr selten gewordenen Handwerkskunst, Brillenfassungen zu entwickeln und zu bauen. Denn Gabrich Optik auf der Wiesbadener Wilhelmstraße ist viel mehr als nur ein Brillenladen, das Augenoptiker-Geschäft ist auch eine Spezial-Brillenmanufaktur.

Donald Gabrich beherrscht als einer der wenigen Optiker dieses traditionsreiche Handwerk und ist ein Meister seines Fachs, was sein Kundenstamm aus der ganzen Welt beweist. Brillenträger aus München, Hamburg und Mailand, Dubai, Brasilien, Russland und New York schätzen die Brillenmanufaktur für außergewöhnliche Ansprüche in Wiesbaden. Sie alle kommen immer wieder gerne in die Wilhelmstraße, um sich ihre ganz persönliche Brillenfassung nach eigenen Vorstellungen anfertigen zu lassen. Dabei entscheiden die Kunden, aus welchen Materialien ihr Unikat bestehen, welche Form und Farbe es haben soll. Donald Gabrich und sein Meisterteam informieren und beraten ganz persönlich zum Thema Handarbeitsbrillen. Und das bereits seit über drei Jahrzehnten.

Firmengründer und Geschäftsführer Donald Gabrich ist schon seit mehr als 40 Jahren approbierter Augenoptiker und Augenoptikermeister. Er schloss in den 1970er-Jahren die Berliner Meisterschule ab und eröffnete erst in Berlin, dann in Bielefeld sein eigenes Ladengeschäft. Im Jahr 1984 zog es ihn nach Wiesbaden, zunächst ins dortige Hotel Vier Jahreszeiten und kurze Zeit später in sein jetziges Geschäft in der Wilhelmstraße 42.

Natürlich führt Gabrich auf der "Rue" von Wiesbaden auch exklusive Brillenmoden vieler namhafter Designer und Marken wie beispielsweise Bentley, Chanel, Cartier, Maybach oder Zilli. "4000 Modelle habe ich im Sortiment, hier findet jeder seine Brille und wenn nicht, baue ich ihm selber eine", sagt Donald Gabrich, der für seinen professionellen, sehr persönlichen Service bekannt ist und immer mit guter Laune punktet. Eine große Hilfe ist dem Geschäftsführer beim Verkauf hochwertigster und erstklassiger Brillen sein Meisterteam: Mit Sybille Schaub und Ralf Hentschel stehen staatlich geprüfte Augenoptiker und -meister jederzeit bei allen Fragen rund um die Augen und das Aussehen Rede und Antwort. "Eine gute individuelle Beratung hat immer oberste Priorität, um die optimale Brille für die Kunden zu erstellen", weiß Donald Gabrich. Viele Prominente und Fernsehstars tragen seine handgefertigten Kreationen. Erst kürzlich hat er für einen Minister im Osten eine ganz besondere Brille angefertigt, sie war mit 38 000 Euro die teuerste, die er je hergestellt hat.

GABRICH OPTIK
Donald Gabrich
Wilhelmstraße 42
65183 Wiesbaden
Telefon 06 11 / 30 03 11
www.gabrichoptik.de

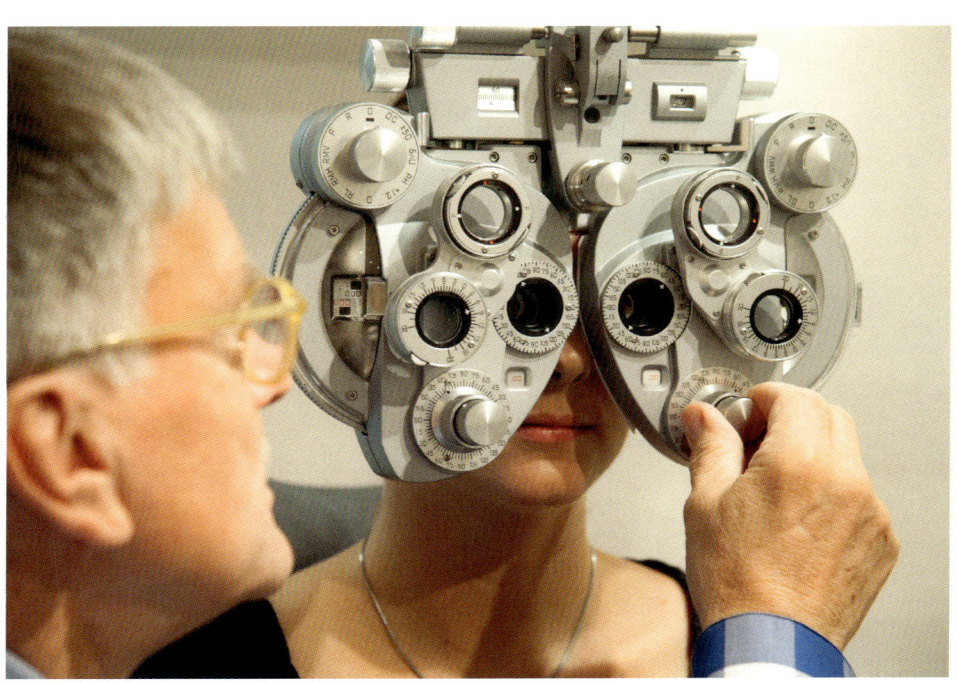

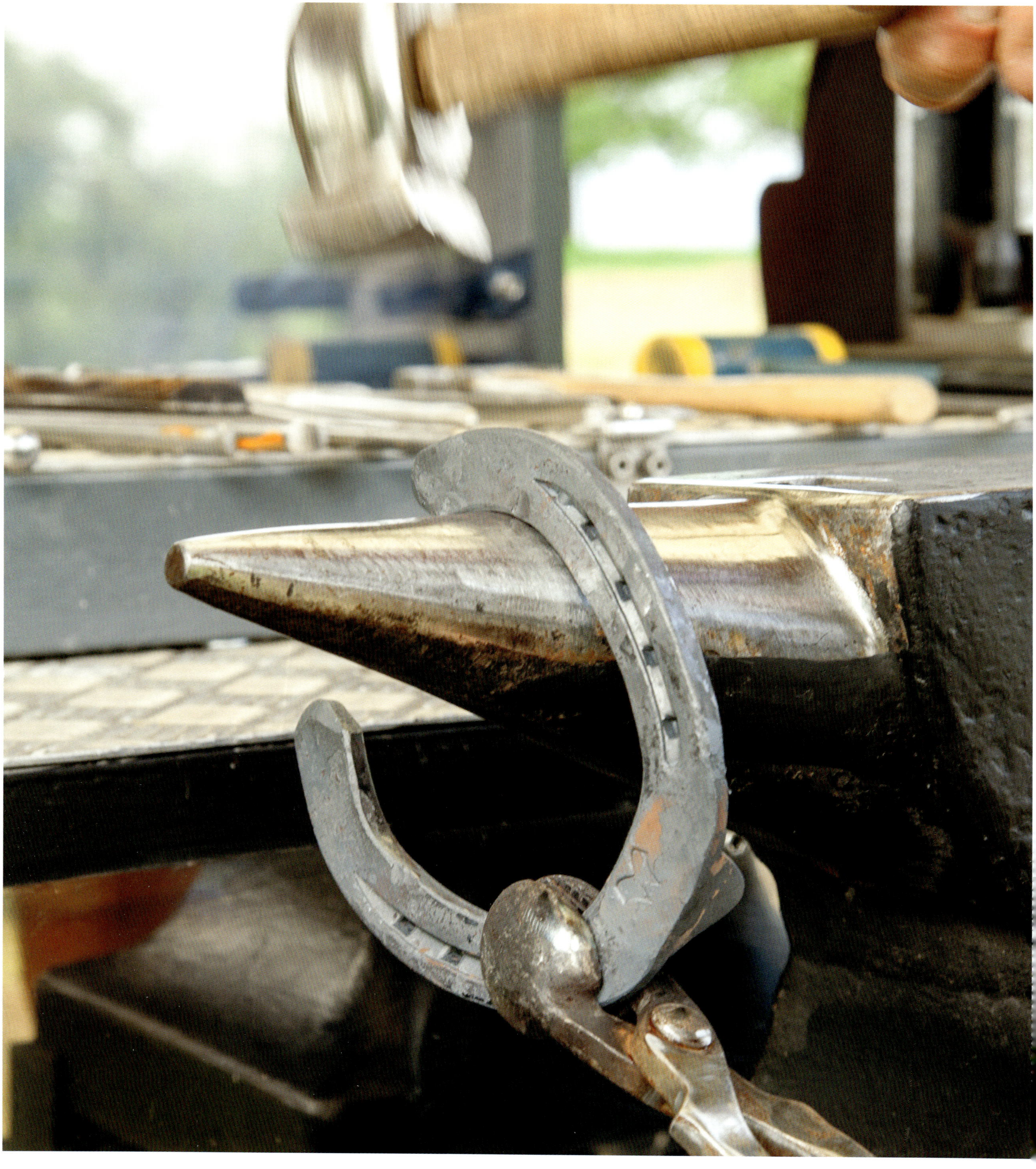

Hufeisen, die Pferde stressfrei laufen lassen

Ein schön anzusehendes Pferdegespann zieht die Kutsche über die Straße, und laut klappern die Hufe auf dem Asphalt, ein Geräusch, das jeder kennt: hartes und rhythmisches Klackern, wenn der mit Eisen beschlagene Pferdehuf auf den Straßenbelag trifft. Doch genau dieser harte Aufprall macht den Pferden oft zu schaffen und führt sehr häufig zu schmerzhafter Überlastung der Hufe und Sehnen. Der aus Bayern stammende Hufschmied Rudolf Pellkofer hat aus seiner jahrelangen Erfahrung als staatlich geprüfter Hufbeschlagsschmied-Schmiedemeister hier ganz neue Ansätze und Lösungen gefunden. Er entwickelte einen neuartigen Verbundbeschlag aus Metall kombiniert mit Kunststoff, der den Aufprall der Hufe abfedert und dämpft. Das bedeutet für die Pferde wesentlich weniger Gelenkverschleiß und ein angenehmeres und stressfreieres Laufen. Wie auf Wolken: elastisch, ohne schwere Eisen und orthopädisch gesund.

Schon seit 1995 experimentiert Pellkofer mit verschiedenen Materialien und entwickelte zunächst einen Metallträger aus Aluminium oder Stahl, an den ein profilierter Laufbelag aus Kunststoff geschraubt wird. Zusätzlich hat der Beschlag ein bewegliches Mittelstück, die sogenannte Strahlbeinauflage. Auf diesem liegt der Strahl im Huf auf. Er wird durch das Nachgeben des Teils in der Bewegung abgefedert. Für das Pferd bedeutet der neue Hufbeschlag eine sofortige Entlastung von Sehnen und Gelenken, der natürliche Bewegungsablauf wird unterstützt und optimiert. Doch Rudolf Pellkofer gab sich damit nicht zufrieden und hat seinen Hufbeschlag jetzt noch einmal weiterentwickelt. „Ein guter Schmied lernt vom Pferd", lautet die Devise des 1996 zu den besten Hufschmieden Europas gekürten Pellkofer. Immer wieder probiert er neue Varianten aus und studiert genau, wie die Pferde darauf reagieren. Eng arbeitet er mit verschiedenen Tierärzten zusammen. Bei seinem neuesten Hufbeschlag-Typ hat er die Unterstützung des Wiesbadeners Donald Gabrich, der Kontakt zu vielen Pferdefreunden in der Region und ganz Europa hält. „Wenn ein Pferd durch mich besser laufen kann und sich wohlfühlt, ist es das Höchste für mich", sagt Rudolf Pellkofer, der mit seiner mobilen Schmiedewerkstatt in Kreisen verantwortungsvoller Pferdebesitzer schon längst sehr bekannt ist. Sein Wissen und Können wird in Seminaren und Schulungen interessierten Hufschmieden nach Absprache weitergegeben.

STAATLICH GEPRÜFTER HUFBESCHLAGSSCHMIED UND SCHMIEDEMEISTER
Rudolf Pellkofer
c/o Donald Gabrich
Wilhelmstraße 42
65183 Wiesbaden
Telefon 01 76 / 95 66 27 97
www.rp-hufbeschlag.de

Exklusive Wohntrends bei Peter Viergutz

„Das unterstreicht den Stil meines Hauses – genau so, wie ich es mir vorgestellt habe", stellt der Kunde anerkennend fest und bewundert sein neues Wohnzimmer mit einer trendigen Fensterdekoration und der handgefertigten Konsole von Peter Viergutz.

Ganz nah am Kunden: Das ist die Philosophie des erfahrenen Fachmanns für Raumgestaltung und Innendekoration. Im hauseigenen Nähstudio werden maßgefertigte Fensterdekorationen und Ideenträume ganz nach Wunsch realisiert. Dabei kann der Kunde im Fachgeschäft von Peter Viergutz aus den neuesten und schönsten Stoffen in allen Farben und Ausführungen und von exklusiven Lieferanten auswählen. Großes Plus: Sämtliche Materialien werden selbst von Hand verarbeitet. Auch in der Polsterwerkstatt von Peter Viergutz steht alles im Zeichen von individueller Maß- und Handarbeit. Die hochwertigen Konsolen und extravaganten Lounge-Möbel für anspruchsvolles Wohnen, die hier entstehen, werden durchweg mit viel Akribie und Professionalität angefertigt. Auf Wunsch werden zudem alte Sessel umgearbeitet, aufgepolstert und neu bezogen. Dass der Kunde auch hier aus einer Fülle von Materialien und Musterstoffen wählen kann, versteht sich bei Peter Viergutz fast von selbst.

Auf einer großzügigen Ausstellungsfläche von über 180 Quadratmetern kann man sich in der Webergasse von exklusiven Dekorationen, topaktuellen Trends und Ideen für ein schönes Zuhause inspirieren lassen. Die Auswahl an dekorativen Accessoires rund um Haus und Wohnen ist dabei überwältigend.

Peter Viergutz, der beständig auf der Suche nach neuen hochwertigen Stoffkollektionen und Trends ist, hat den Beruf des Raumausstatters von der Pike auf gelernt und auch seine Meisterprüfung abgelegt. Seit Jahrzehnten werden im eigenen Betrieb zudem talentierte junge Menschen ausgebildet. Kein Wunder, dass er als einer der erfolgreichsten Raumausstatter Wiesbadens kürzlich sein 30-jähriges Firmenjubiläum feiern konnte.

Sein Erfolg resultiert aus seinem Anspruch: „Als erfahrener Raumausstatter liegt es mir am Herzen, die Wünsche meiner Kunden in den Mittelpunkt zu stellen und dann mit dem Kunden gemeinsam umzusetzen." An erster Stelle stehen dabei die persönliche Beratung und die individuelle Betreuung vor Ort. Hierzu nutzt Peter Viergutz seine Leidenschaft, ständig neue Styles und Trends zu präsentieren und hochwertige Produkte von seinen Lieferanten auszuwählen.

RAUMGESTALTUNG – INNENDEKORATION
Peter Viergutz
Webergasse 3a
65183 Wiesbaden
Telefon 06 11 / 52 52 38
www.viergutz-raumgestaltung.de

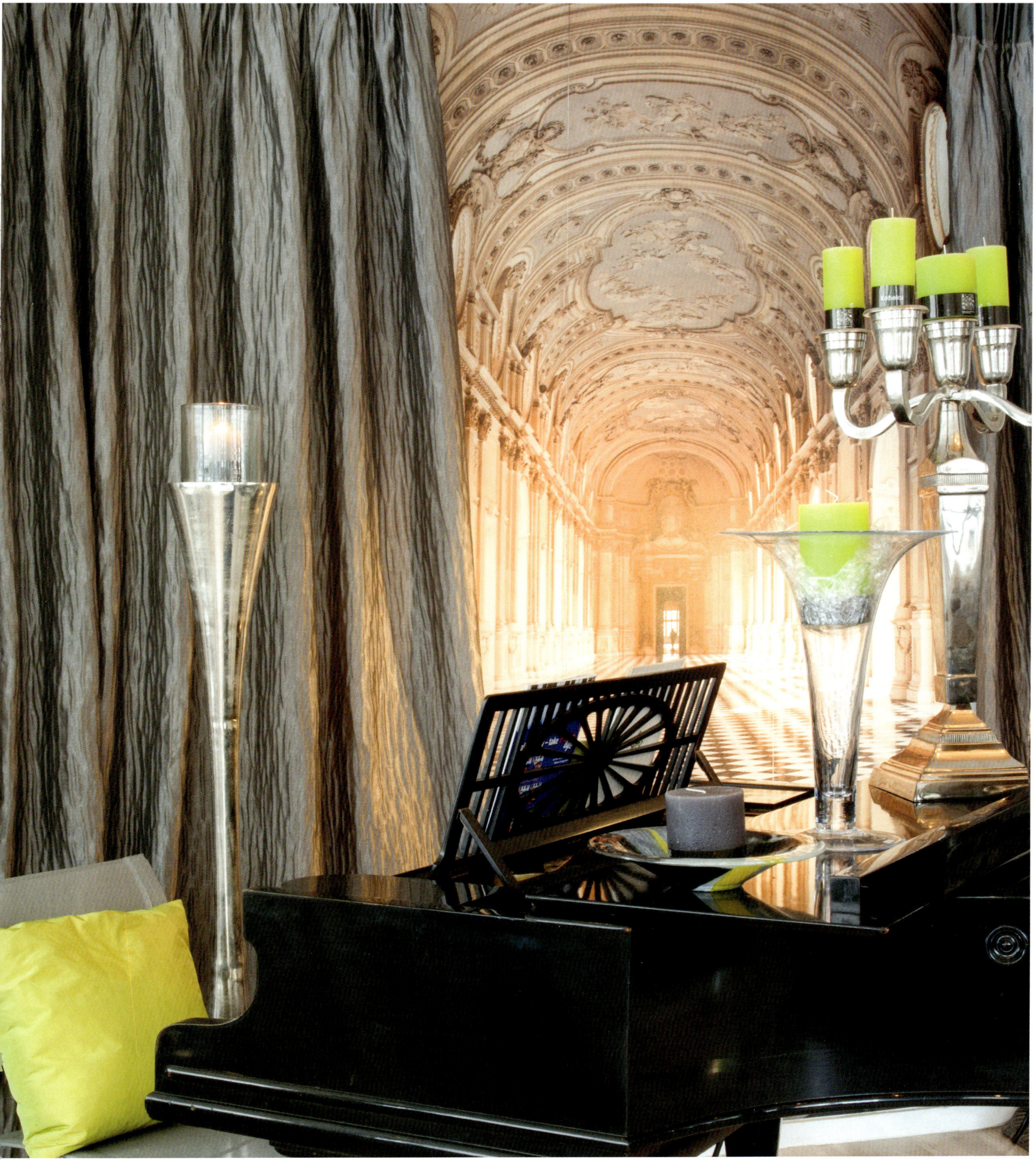

Berauschendes Ambiente und einzigartige Mazza

Ein Hauch von Orient wie aus Tausendundeiner Nacht mitten in der hessischen Landeshauptstadt: Auf der „Trendmeile" Wilhelmstraße, an der sich Villen mit noblen Geschäften und namhafte Hotels mit fantastischem Blick auf das Bowling Green aneinanderreihen, liegt das Restaurant Saytoune, in dem Samir Mualla seit sieben Jahren traditionelle Speisen der libanesisch-syrischen Küche anbietet. Im Arabischen bedeutet „Saytoune" Olive. Kräftige Olivenbäume schmücken die Wände des Restaurants und die freundlichen, hellen Möbel. Als Frucht oder als feines Öl sind Oliven wichtiger Bestandteil der orientalischen Gerichte. Ein Besuch im Saytoune betört die Sinne. Die traditionelle Einrichtung, die exotischen Düfte aus Gewürzen und Holzkohle: Die Gäste fühlen sich mitten in Wiesbaden wie in einer orientalischen Oase. Aufgrund der internationalen Kundschaft sind die Speisekarten auf Deutsch, Englisch und Arabisch gehalten. Dabei stehen längst nicht alle Gerichte auf der Karte. Das freundliche Personal kommt aus orientalischen Ländern, und die Köche bereiten auf Wunsch auch Speisen aus Kuwait oder Saudi-Arabien zu. In der Küche ist Samir Mualla selbst ständig präsent. Kein Gericht verlässt die Küche, ohne vorher vom Küchenmeister selbst gekostet zu werden. Samir Mualla kocht halal, vegetarisch oder auch vegan. Das Fleisch wählt er selbst aus, die „sieben Gewürze" der syrisch-libanesischen Küche stammen aus seiner Heimat.

Zubereitet werden die Speisen auf einem Holzkohlegrill über südamerikanischem Holz, das dem Fleisch in Kombination mit den Gewürzen ein einmaliges Aroma verleiht. Für seine traditionellen Gerichte und Eigenkreationen wurde Samir Mualla bereits zweimal vom Restaurantführer „Rhein-Main geht aus" mit dem ersten Platz ausgezeichnet. Ein Abendessen im Saytoune ist erlebnisreich, traditionell und mit einem besonderen Genuss verbunden. Kalte und warme Mazza sind in orientalischen Ländern ausgesprochen beliebt. Mazza werden langsam und vorzugsweise in netter Gesellschaft verzehrt. Der angebotene begleitende Wein stammt aus dem Libanon. Ein Abendessen bei Samir Mualla kann durchaus etwas länger dauern, daher empfiehlt sich besonders am Wochenende eine vorherige Reservierung. Auf keinen Fall fehlen darf in dem Restaurant mit „cuisine orientale" der eigene Tearoom. Im Anschluss an Theaterbesuche machen die Gäste gerne einen Abstecher zu Samir Mualla, um ein Glas des grünen Tees mit Minze zu genießen. „Den bestellt beinahe jeder. Und sollte es mal jemand nicht tun, bekommt er von mir einen umsonst", verrät der erfahrene Koch und Restaurantbetreiber. Ein besonderes Ambiente bietet sich auch außerhalb des Restaurants auf der Terrasse, die Platz für weitere 70 Gäste bietet. Während der Sommermonate gehört eine erfrischende Limonade aus Limette und Minze zu dem außergewöhnlichen Repertoire des Saytoune.

SAYTOUNE CUISINE ORIENTALE
Geschäftsführer: Samir Mualla
Wilhelmstraße 52
65183 Wiesbaden
Telefon 06 11 / 3 08 61 10
www.saytoune.de

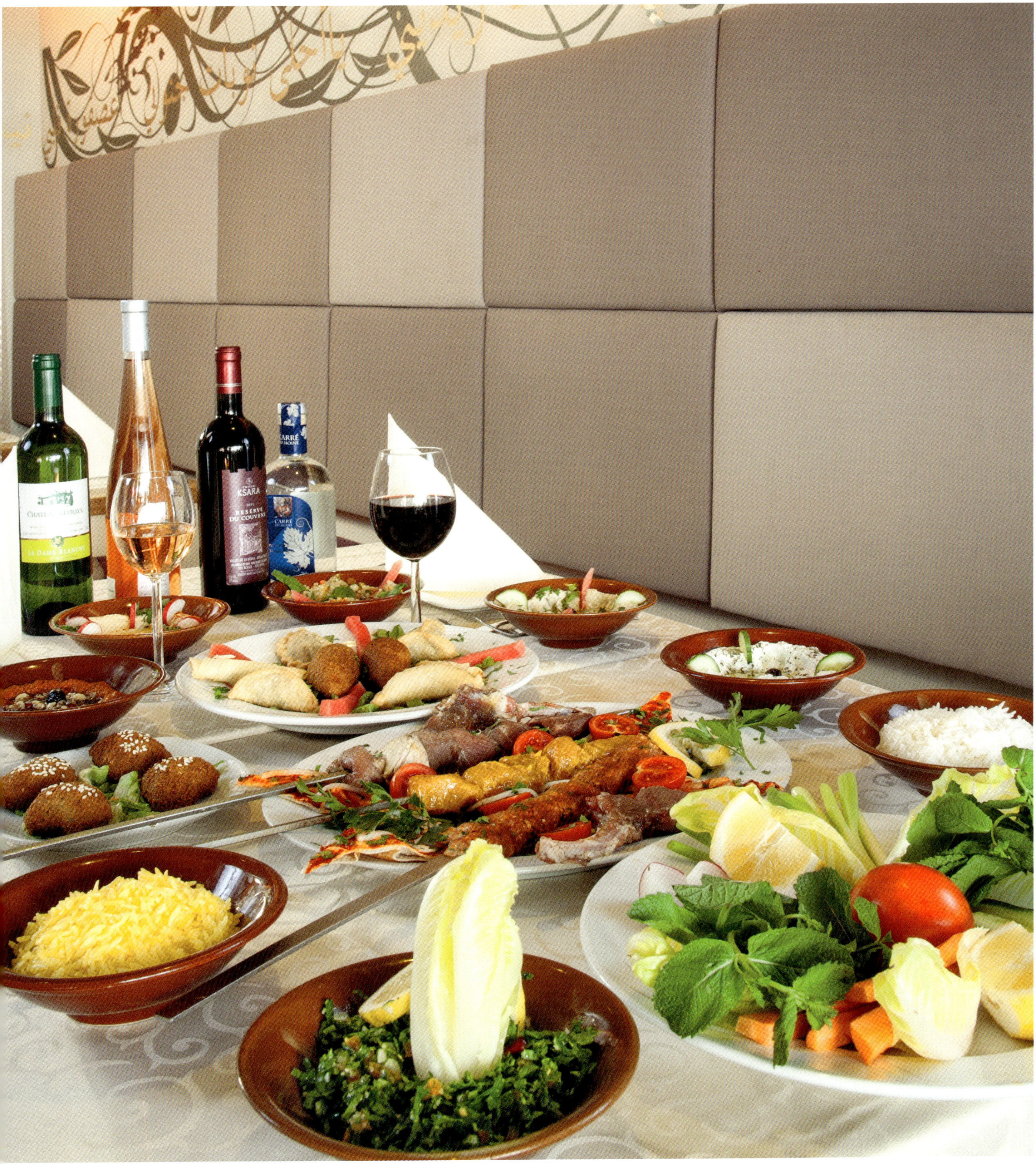
KSARA
RESERVE
DU COUVENT

DAHLER & COMPANY
ZUHAUSE IN BESTEN LAGEN
DAHLER & COMPANY
BROT

Der Immobilienmakler mit Herz

Ein Umzug ist oft weitaus mehr als nur ein Wohnortwechsel. Der Beginn eines neuen Lebensabschnitts hat in der Regel persönliche Hintergründe und ist mit langfristigen Veränderungen verbunden. Während der wichtigen Schritte von der Suche eines neuen Zuhauses bis zur erfolgreichen Integration in der neuen Heimat können sich Interessenten vertrauensvoll an Mira van der Zalm wenden. Langjährige Erfahrung, in Kombination mit dem nötigen Einfühlungsvermögen und einem geschulten Blick für die Bedürfnisse ihrer Kunden, ist das Erfolgsrezept der „Maklerin mit Herz". Seit 2008 ist sie Geschäftsführerin des Dahler & Company Immobilienbüros in Wiesbaden und hat seitdem vielen Interessenten ein passendes neues Zuhause in der Landeshauptstadt vermittelt. Das besondere Flair der Villenstadt Wiesbaden, die harmonische Symbiose von Klassizismus und Parkanlagen, die schon um die Jahrhundertwende Künstler und Komponisten inspiriert hat, überzeugt auch in der heutigen, modernen Zeit viele Menschen, sich in der eleganten Landeshauptstadt niederzulassen. Eine weitere Attraktivität Wiesbadens ist das vielfältige Kultur- und Freizeitangebot, das sich an alle Altersklassen und Interessengruppen richtet. Mira van der Zalm ist daran gelegen, ihre Klienten dabei zu unterstützen, schöne und zuweilen verborgene Winkel Wiesbadens zu entdecken. Die Niederlassung in Wiesbaden ist einer der 26 Standorte, von denen aus Dahler & Company exklusive Wohn- und Anlageimmobilien an seine nationalen und internationalen Klienten vermittelt. „Wir legen großen Wert darauf, unsere Qualitätsstandards zu halten", bestätigt die erfolgreiche Unternehmerin. Qualität und Transparenz sind ebenfalls Schwerpunkte, auf die ihre Klienten gesteigerten Wert legen. Gemeinsam mit drei Mitarbeiterinnen ist sie stets auf der Suche nach gepflegten, hochwertigen Objekten, die den Ansprüchen und Wünschen ihrer Kunden gerecht werden. Im vergangenen Jahr wurde Dahler & Company Testsieger der Servicestudie des Deutschen Instituts für Service-Qualität, in dem das Unternehmen für seine qualifizierte Beratung und ausgezeichnete Kenntnis der angebotenen Objekte lobend erwähnt wurde. Nach einem erfolgreichen Abschluss ist die Arbeit des Frauens-Powerteams noch lange nicht beendet. Auch nachdem der Kaufvertrag unterschrieben ist, können sich die Klienten weiterhin vertrauensvoll an die Geschäftsführerin und ihre Mitarbeiterinnen wenden. Ob bei der Suche nach einer Schule für die Kinder oder der Vermittlung eines Handwerkers: Das Team steht seinen Kunden beratend zur Seite, um den Neubürgern das Einleben in der neuen Heimat so angenehm und einfach wie nur möglich zu machen. Bei der Vermittlung von Dienstleistern und Einrichtungen legt Mira van der Zalm Wert auf lizensierte Partner, die ihren Qualitätsanforderungen entsprechen. Die gebürtige Wiesbadenerin konnte in den vergangenen Jahren ein umfangreiches Netzwerk bilden, das keine Wünsche offen lässt.

DAHLER & COMPANY IMMOBILIEN
Geschäftsführerin:
Mira van der Zalm
Kranzplatz 5-6
65183 Wiesbaden
Telefon 06 11 / 17 46 47-0
www.dahlercompany.de

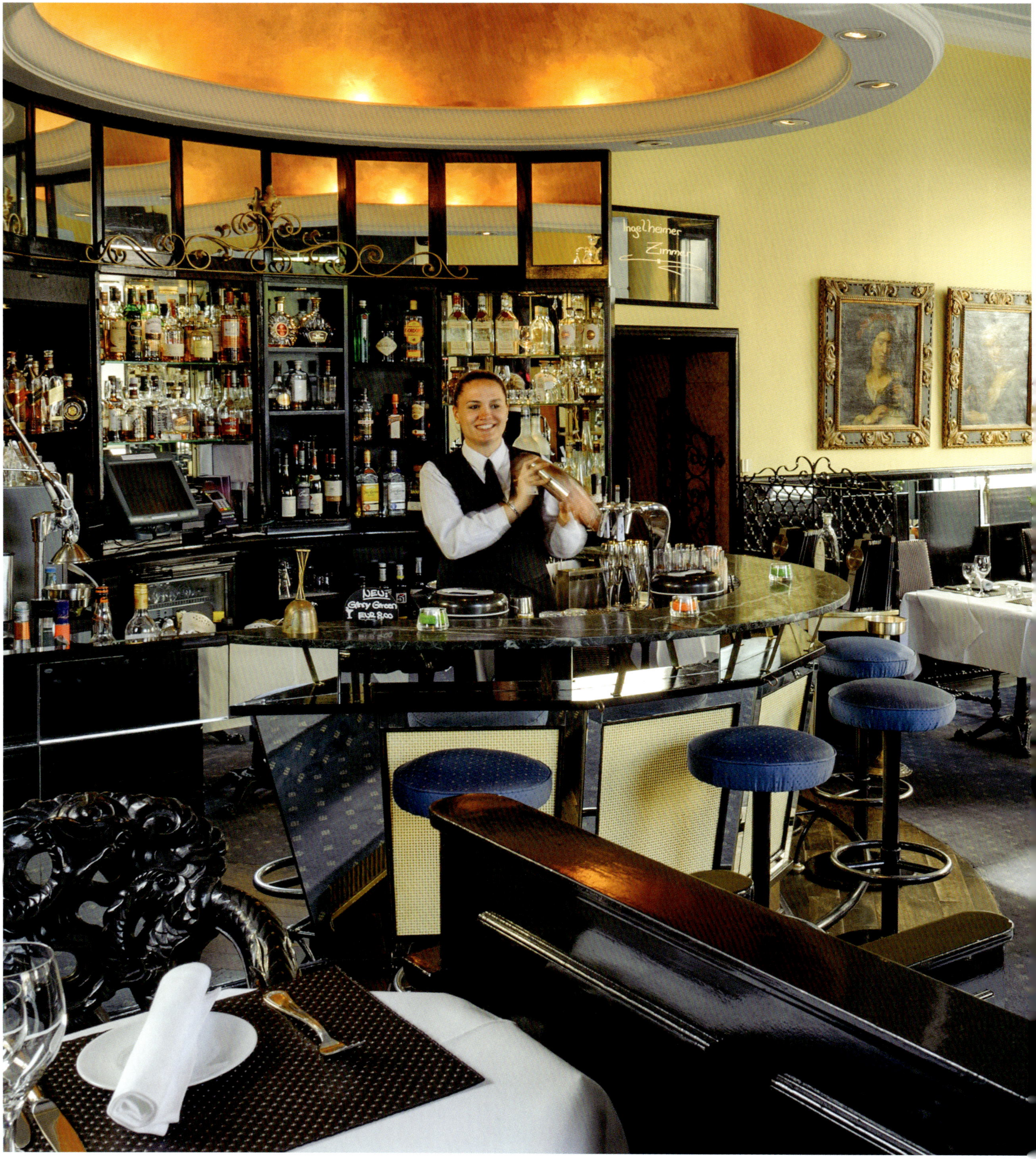
Ingelheimer
Zimmer
NEU!

Traditionelles Flair im ältesten Grandhotel Europas

**RADISSON BLU
SCHWARZER BOCK HOTEL
WIESBADEN**
Hoteldirektor: Wolfgang Wagner
Kranzplatz 12
65183 Wiesbaden
Telefon 06 11 / 15 50
www.radissonblu.de/
hotel-wiesbaden

Im Herzen der hessischen Landeshauptstadt, wo in früheren Zeiten Kurgäste aus der ganzen Welt durch die eleganten Straßen flanierten, steht noch heute das traditionsreiche Hotel Schwarzer Bock. Seit 2004 gehört das Hotel, in dem insbesondere seit dem 19. Jahrhundert viele berühmte Persönlichkeiten logiert haben, zur Radisson Blu Hotelgruppe. Anno 1486 wird das Haus erstmals urkundlich erwähnt und hat im Laufe der Jahrhunderte Zerstörungen durch Brände und Kriege überstanden. Mehrfach musste es wieder aufgebaut und restauriert werden. Es ist vor allem das traditionelle, aber auch internationale Flair, das „der Bock" bis in die heutige Zeit bewahrt hat und das den Aufenthalt nach wie vor zu einem besonderen Erlebnis macht. Bei umfangreichen Modernisierungen in den letzten Jahren ist es gelungen, die historische Architektur des Hauses zu erhalten. Eine der ruhmreichen heißen Quellen Wiesbadens, die Drei-Lilien-Quelle, liegt direkt unter dem Haus. Die eigentliche Geschichte des ältesten Grandhotels Europas beginnt demnach als Badhaus im Jahr 1486. Noch im 19. Jahrhundert galt das Badhaus „Schwarzer Bock" als erste Adresse für gesundheitsbewusste Kurgäste. In den letzten Jahren hat neben dem eigentlichen Hotel auch das Badhaus eine aufwendige und gelungene Renovierung erhalten. Als Trinkwasser ist das Quellwasser zwar nicht geeignet, der 30 Grad warme Pool wird jedoch mit dem Wasser der Kochbrunnen-Quelle gespeist. Aroma-Dampfbad, Finnische Sauna und Ruheraum sowie räumlich abgetrennte Behandlungszimmer für wohltuende Massagen ergänzen das Spa-Angebot, das auch Tagesgäste und Einheimische gerne nutzen.

Bis heute spiegelt sich die Geschichte des Hotels auch in der besonderen Einrichtung wider. Historische Abbildungen des Hotels am Kranzplatz schmücken jedes der 142 stilvoll eingerichteten Zimmer. Schmuckstück des Hotels ist eine Originalholztür mit Gravur, die während der Umbauarbeiten gefunden wurde und die heute den Eingang zur Bistro-Bar „1486" bildet. Durch die historische Bibliothek, die auch gerne für Empfänge genutzt wird, gelangen die Gäste in die historischen Veranstaltungsräume. Der Ballsaal und besonders das berühmte Ingelheimer Zimmer mit seiner Holzvertäfelung aus dem 16. Jahrhundert bieten einen gediegenen Rahmen für Familienfeiern und festliche Veranstaltungen.

Eine Frage, die nur wenige alteingesessene Wiesbadener beantworten können: Wie kommt der „Schwarze Bock" zu seinem ungewöhnlichen Namen? Ganz einfach: Ein Bürgermeister namens Philipp zum Bock soll der erste Besitzer des Badhauses gewesen sein. Dieser Eigentümer und sein charakteristisches schwarzes Haar sollen Namensgeber für das historische Badhaus gewesen sein. Im Eingangsbereich des schönen Spa-Bereichs steht bis heute ein Brunnen in Form eines schwarzen Bocks.

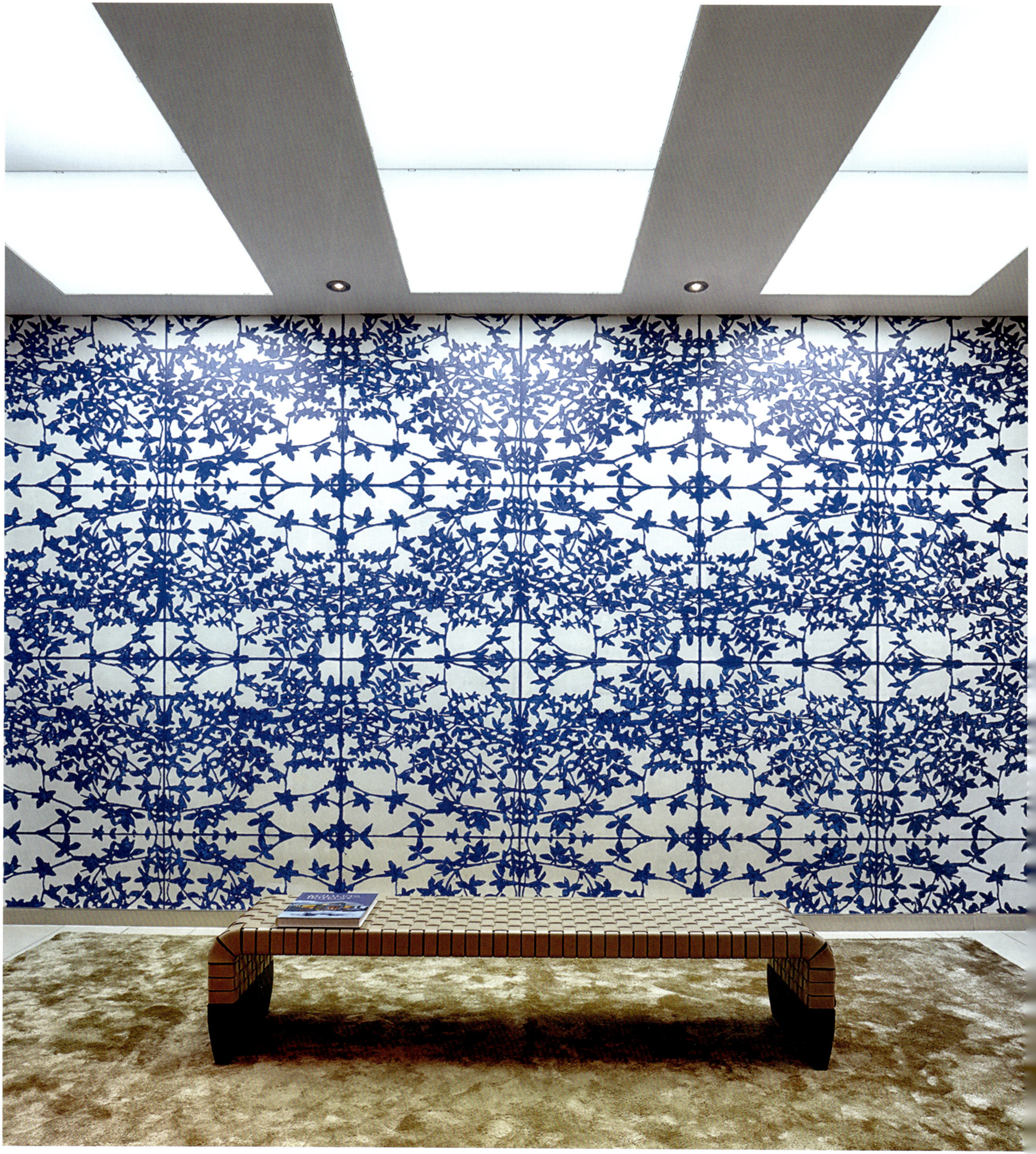

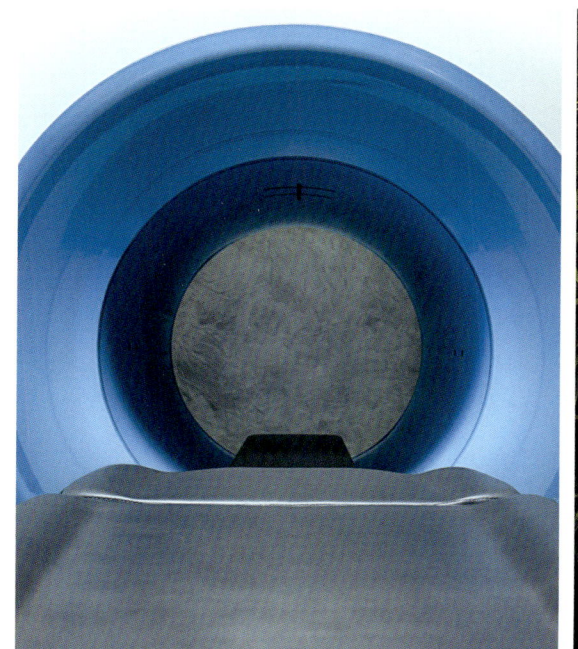

Medizinische Perfektion – Qualität seit über 20 Jahren

"Wir behandeln unsere Patienten so, wie wir selbst gerne behandelt werden möchten", erklärt uns Prof. h.c. Dr. M.Sc. M.Sc. Andreas Jung. Herzlich, mit viel Einfühlungsvermögen und auf höchstem fachlichem Niveau: Seit über 20 Jahren praktizieren die Zwillingsbrüder Prof. Dr. Andreas Jung und Dr. M.Sc. M.Sc. Thomas Jung mit ihrer Schwester Dr. Gabriele Jung-Reggelin und behandeln Patienten aus der ganzen Welt.

Die Dr. Jung Zahnklinik erstreckt sich über beeindruckende 3000 Quadratmeter auf vier Etagen und beschäftigt 70 kompetente Mitarbeiter sowie neun Ärzte, darunter auch Radiologen, Chirurgen und Anästhesisten mit angegliederter Anästhesieabteilung. Es gibt 16 Behandlungszimmer inklusive zweier Operationsräume der Klasse 1 und sogar ein eigenes zahntechnisches Meisterlabor: alles unter einem Dach. „Für unsere Patienten bietet das einen absoluten Vorteil, da sich alle Experten perfekt um sie kümmern. Dies macht eine komfortable und sichere Behandlung aus. Auch der zuständige Zahntechniker ist immer greifbar, und sie können ihre Wünsche persönlich besprechen. Nur so kann das Ergebnis optimal werden – ganz bequem, effizient und ohne Umwege", erklärt Dr. M.Sc. M.Sc. Thomas Jung.

Exklusive Übernachtungszimmer für Patienten sind stilvoll eingerichtet – hier ist Wohlfühlen garantiert! Der eigene Chauffeur-Service ermöglicht es auch Patienten mit langer Anreise, die Dr. Jung Zahnklinik bequem zu erreichen. Gerade die Nähe zum Frankfurter Flughafen wird bei den nationalen und internationalen Patienten sehr geschätzt.

Besonders spezialisiert ist die Dr. Jung Zahnklinik auf die Implantologie, die Königsdisziplin der Zahnmedizin. Dabei zeichnet sich die Dr. Jung Zahnklinik durch 20 Jahre Erfahrung, eine hochmoderne Klinikausstattung und ein Netzwerk aus renommierten Experten aus. Mit der Besonderheit einer 3D-Diagnostik sorgen die Dres. Jung für eine sichere, präzise Planung und legen so den Grundstein für eine perfekte Behandlung. Selbst Patienten mit einer schwierigen Ausgangssituation, die eine Komplettsanierung der Zähne und des Kieferknochens benötigen, kann hier mittels moderner Knochenaufbaumaßnahmen, die minimalinvasiv durchgeführt werden, geholfen werden.

Auch für Menschen mit extremer Zahnarztangst ist die Dr. Jung Zahnklinik eine der besten Adressen weltweit. Das gesamte Team ist darauf spezialisiert, die Angst vor dem Zahnarzt gemeinsam mit dem Patienten zu besiegen – mit großem Erfolg. „Sehr hilfreich dabei ist eine besonders schonende Vollnarkose, sodass die Patienten ganz einfach im Schlaf, völlig angst- und schmerzfrei, behandelt werden können", weiß Dr. Gabriele Jung-Reggelin. So werden Zahnträume im Schlaf erfüllt – sanft und höchst professionell.

DR. JUNG ZAHNKLINIK
City-Passage 1-6
64319 Pfungstadt
Telefon 0 61 57 / 60 50
www.zahnklinik-jung.de

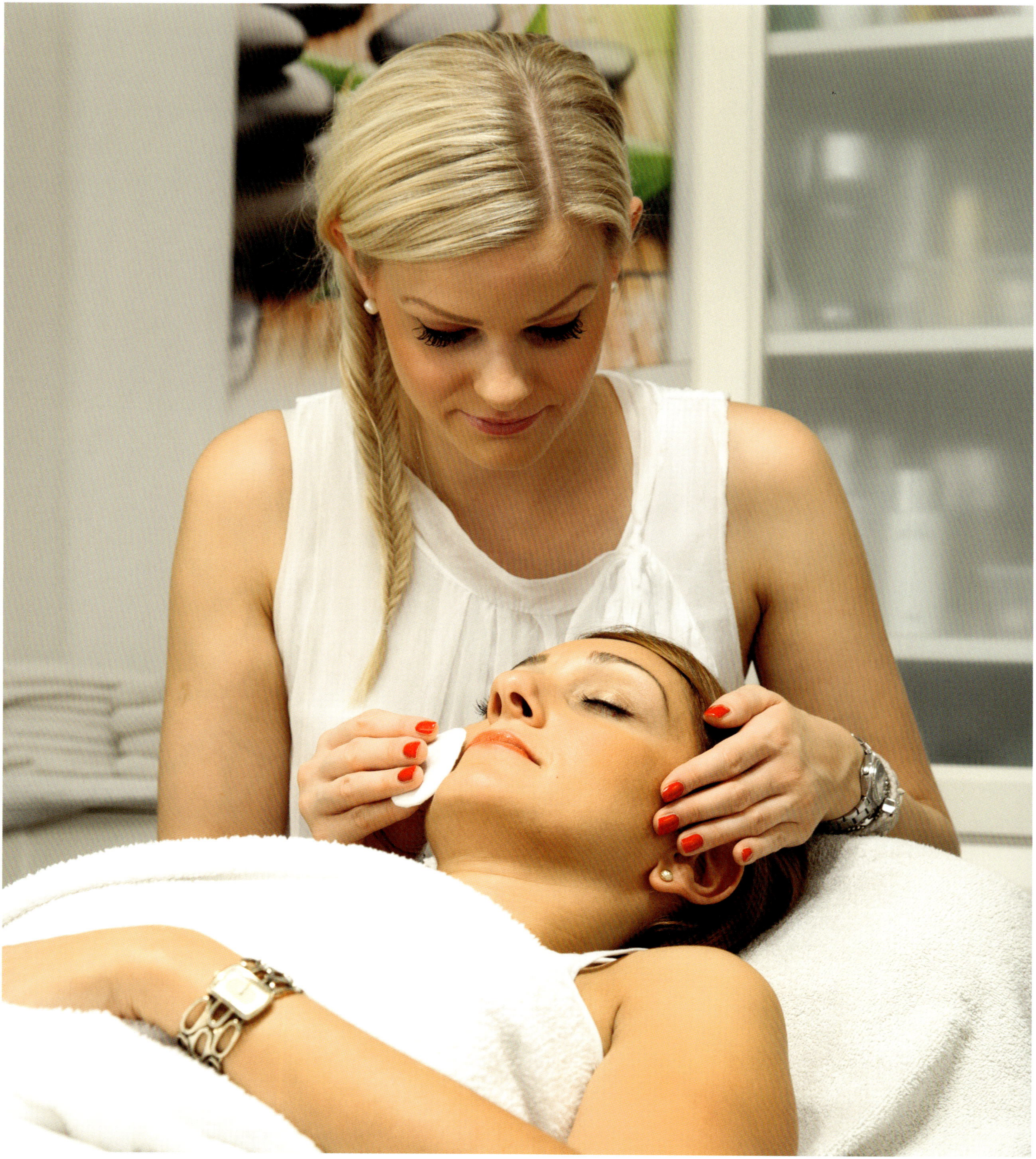

Die ganze Welt der Schönheit in der Parfumerie am Markt

Die Schönheit ist in Wiesbaden in der Parfumerie am Markt zu Hause: Hier darf sich jeder in der Welt der Düfte und Kosmetik verwöhnen lassen und sich eine kurze Auszeit vom hektischen Alltag gönnen. Alexandra und Borut Nendl sowie ihr freundliches Team sorgen dafür, dass aller Stress vergessen wird, und entführen in eine Welt der kostbaren Düfte und professioneller Kosmetikbehandlung für Körper, Geist und Seele.

In exklusivem Ambiente bietet die Parfumerie am Markt ausgesuchte Duftmarken aus den Parfum-Metropolen dieser Welt. „Unser Kunde erwartet einen Qualitätsduft mit einer gewissen Tiefe. Niemals ist ein guter Duft banal. Niemals ist er nur eine Modeerscheinung", erklärt Alexandra Nendl. Den Besucher erwarten Kompositionen, feinste natürliche Ingredienzien, wundervolle Flakons und Düfte, die den Charme des Originellen haben und tiefe Emotionen hervorrufen. Viele der hier präsentierten Parfums gibt es nur in exklusiven Fachhandlungen wie der Parfumerie am Markt. Zu erleben sind Duftwelten von Annick Goutal, Lalique, Hermès, Maison Martin Margiela aus Frankreich, Creed, Penhaligon´s und Atkinsons aus England, Acqua di Parma, Bois 1920 und Etro aus Italien, Loewe aus Spanien oder Maison Francis Kurkdjian.

Natürlich finden sich hier auch große, bekannte Namen wie Coco Chanel, Yves Saint Laurent, Paco Rabanne, Chloé, Commes des Garcons, Trussardi, Christian Dior wieder. „Diese Düfte besitzen neben Tradition und Geschichte auch den Zauber und die Magie des Außergewöhnlichen", sagt Alexandra Nendl. Zur Schönheitswelt in der Parfumerie am Markt gehört selbstverständlich auch dekorative und hochwertige Kosmetik bekannter Firmen wie Chanel, Dior, Sensai, Shiseido, Sisley, Guerlain und Clarins. Ein exklusives Schmuckangebot mit wertvollen, handgemachten Stücken der Wiesbadener Goldschmiedin Heike Hois und individuell nach Maß gefertigter Modeschmuck von Schöniglich ergänzen zusammen mit wunderschönen Duftkerzen von Baobab das umfangreiche Angebot.

Und damit immer noch nicht genug: In der Parfumerie am Markt kann man sich auch direkt im dazugehörigen Kosmetikstudio von der Stirn bis zu den Zehen verwöhnen lassen. Hier können Kunden außergewöhnliche Pflegeprogramme von La Prairie, Clarins, Kanebo, Sisley oder 3LAB genießen und selbstverständlich auch die klassische kosmetische Pediküre und Maniküre in Anspruch nehmen. Dabei schätzen längst nicht nur Damen das Programm „Entspannt und schön – von Kopf bis Fuß", auch viele Männer kommen in die Parfumerie am Markt, um hier einen herrlichen kleinen Urlaub vom Alltag zu nehmen. Das Wohlfühlprogramm für Körper und Seele ist ganz individuell maßgeschneidert und garantiert Entspannung für jeden. Mittlerweile nutzen viele Kunden aus aller Welt den besonderen Service, die Neuheiten und seltene Marken in der Parfumerie am Markt auch 24 Stunden am Tag im Online-Shop zu bestellen.

PARFUMERIE AM MARKT
Alexandra und Borut Nendl
Ellenbogengasse 2
65183 Wiesbaden
Telefon 06 11 / 30 16 30
www.parfumerie-wiesbaden.de

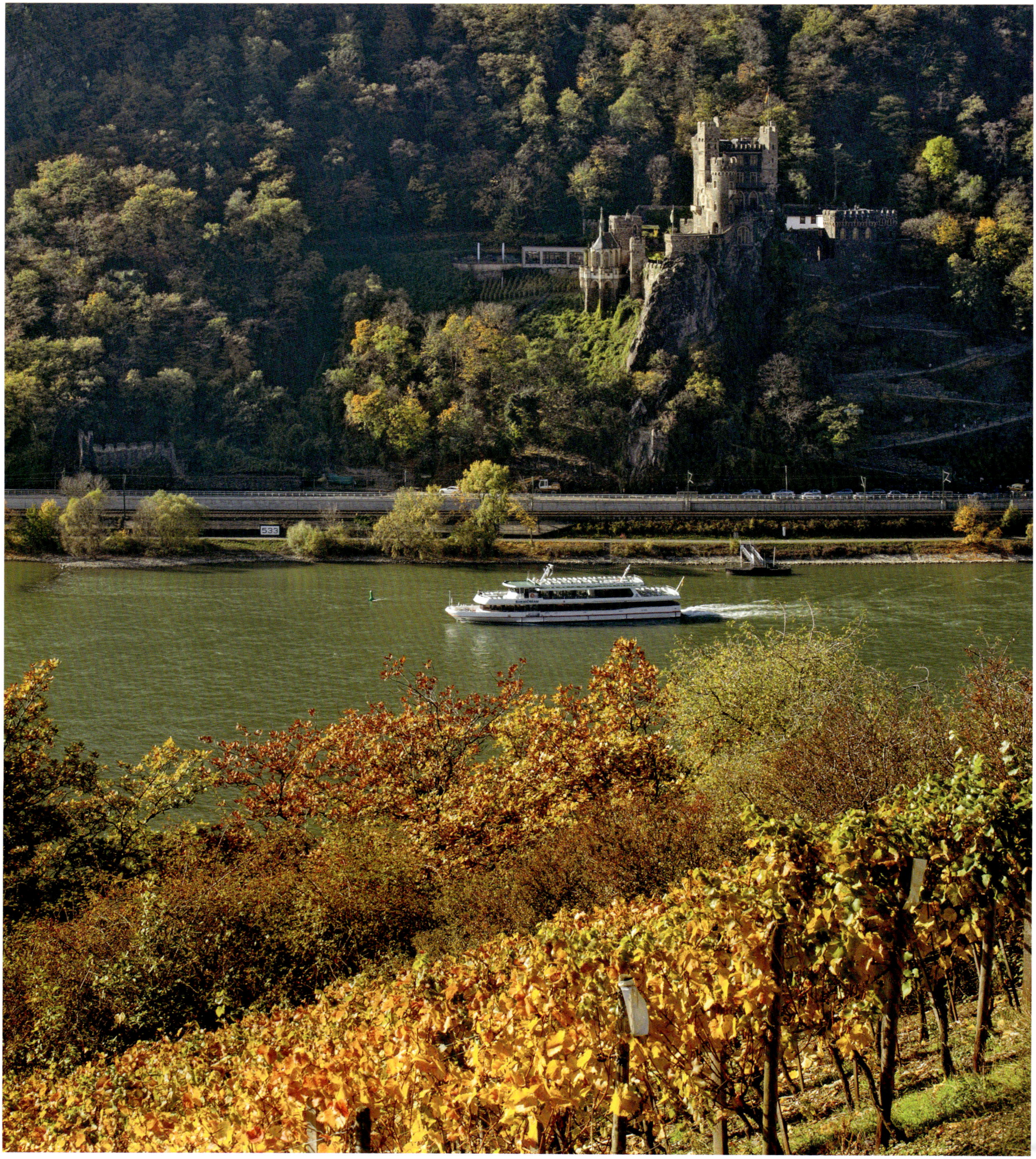
533

Der Rheingau: Lebensfreude pur

Der Rheingau ist ein kleiner Landstrich mit großer Geschichte, berühmtem Wein und ganz viel Kultur.

„Wo selbst der Rhein eine Pause macht", da ist „Lebensfreude pur" angesagt: So wird der Rheingau, der 38 Kilometer lange, sonnige Landstrich zwischen Wiesbaden und Lorchhausen an der Grenze zwischen Hessen und Rheinland-Pfalz, gern charakterisiert. Gemeint ist damit vor allem die Lebensfreude der Menschen in diesem kleinen, aber feinen Weinanbaugebiet, das wegen seiner milden Temperaturen im Sommer wie im Winter und der Nähe zum Rhein auch schon den Beinamen „Riviera Deutschlands" erhalten hat.

In diesem schönen Landstrich, wo der Rhein eine Biegung nach Westen macht und gemächlicher fließt als sonst, leben die Rheingauer mit und von ihrem Wein, der ihre Heimat seit Jahrhunderten prägte und formte. Bis in die Römerzeit reicht die Tradition des Weinbaus im Rheingau zurück. Kaiser Karl der Große soll der Erste gewesen sein, der hier Weinreben pflanzen ließ. Das besondere Klima, die steilen Abhänge des angrenzenden Taunusgebirges direkt am Rhein, die schiefer- und sandlösshaltigen Böden – all das ist für edle Rieslingreben und rassigen Rotwein ideal. Weltweit sind die vollmundigen, kräftigen Weine bekannt, die an den Ufern des sonnenreflektierenden Rheins im Rheingau wachsen. Die Weinkultur hat den Rheingau über Jahrhunderte hinweg bis heute beeinflusst. Fachkundige Mönche bauten hier im Mittelalter prächtige Klöster und betrieben Weinbau und lukrativen Weinhandel auf den Schiffswegen des Rheins. Zu den berühmtesten und am besten erhaltenen Klöstern zählt Eberbach mit seiner berühmten Weinlage „Steinberg". Die dort lebenden Zisterziensermönche legten schon vor Jahrhunderten den Grundstock dafür, dass der Rheingau als Weinanbaugebiet weltberühmt werden sollte. Vor allem für die Rieslingrebe findet man im Rheingau ideale klimatische Voraussetzungen. Deshalb sind bis heute die rund 3000 Hektar Rebfläche des Gebiets mit 84 Prozent Riesling bestockt. Vor allem an den sonnenbeschienenen Steilhängen in Rüdesheim und Assmannshausen finden die Spätburgundertrauben (rund 11 Prozent der gesamten Rebfläche) optimale Wachstumsbedingungen.

Neben Weinkultur hat der Rheingau auch viele Sehenswürdigkeiten zu bieten. Altehrwürdige Schlösser, Burgen und Adelshäuser aus allen Epochen bis hin zum frühen Mittel-

Assmannshausen at its best: Das traditionsreiche Hotel Krone (u. l.), umgeben von sonnenbeschienenen Weinbergen, bietet einen romantischen Blick auf die Burg Rheinstein am gegenüberliegenden Rheinufer (großes Foto linke Seite)

alter prägen fast jede der fünf Rheingaustädte Eltville, Oestrich-Winkel, Geisenheim, Rüdesheim und Lorch sowie die Gemeinden Walluf und Kiedrich. Alle sind liebevoll restauriert und gut erhalten, in vielen finden während des ganzen Jahres Feste, Konzerte und Veranstaltungen rund um Wein und Geselligkeit statt. Am bekanntesten ist das Rheingau Musik Festival, das es bereits seit über einem Vierteljahrhundert gibt: Den ganzen Sommer über finden dann im gesamten Rheingau wöchentlich Dutzende Konzerte mit den besten Musikern der Welt statt – in Kloster Eberbach, im Schloss Johannisberg, Schloss Vollrads in Winkel, in fast allen Kirchen des Rheingaus und ebenso im nahen Wiesbaden.

„WO`S STRÄUSSCHE HÄNGT, WERD`AUSGESCHENKT!"

Auch Gastfreundschaft wird im Rheingau seit vielen Jahrhunderten großgeschrieben. Schon die Mönche des Klosters Eberbach pflegten sie und luden Reisende zum Nächtigen und zur gemeinsamen Vesper ein. Und bis heute sind Gäste von nah und fern überall im Rheingau herzlich willkommen. Viele Winzer öffnen ihre Güter für Besucher und bieten eigene Gewächse und passende Speisen an. Am wohl schönsten ist es, in eine sogenannte „Straußwirtschaft" einzukehren. Als echte Straußwirtschaft gilt ein Ausschank mit höchstens 40 Sitzplätzen, der einem landwirtschaftlichen Betrieb angegliedert ist. Hier schenkt der Winzer nur eigenen Wein aus und servierte kleine Speisen an höchstens 16 Wochen im Jahr, meist im Frühjahr und Herbst. Vor allem während der Rheingauer Schlemmerwochen Mitte April bis Anfang Mai hängen viele Winzer das „Sträußchen" raus und laden in ihr Gut ein. Vielerorts haben die Winzer ihre Straußwirtschaften inzwischen zu respektablen Gasthäusern ausgebaut. Doch auch heute noch gibt es die ganz urigen Straußwirtschaften, in denen die Besucher tatsächlich in der „gut Stubb" oder in der Kelterhalle der Winzerfamilie sitzen und deftig schlemmen, trinken und mit Einheimischen ins Gespräch kommen können.

Legendär sind auch die vielen Weinfeste im Rheingau, die in den Sommermonaten an jedem Wochenende in einer der Weinbaugemeinden gefeiert werden, so beispielsweise das große Sekt- und Biedermeierfest am 1. Juliwochenende am romantischen Rheinufer in Eltville im Schatten der kurfürstlichen Burg oder das berühmte Erdbeerfest Mitte Juni in der kleinen Weinbaugemeinde Erbach. Auf diesen geselligen Festen trifft man Wochenende für Wochenende auch die Rheingauer „Weinmajestäten": Jede Weinbaugemeinde hat eine Weinkönigin und auch Weinprinzessinnen. Die engagierten jungen Damen werben mit Charme und Fachwissen für das Produkt ihrer Heimat. Ein Muss für jeden Rheingau-Besucher ist natürlich auch die weltberühmte Drosselgasse in Rüdesheim, die täglich von Touristen aus der ganzen Welt besichtigt wird. Hier tobt selbst im Winter der Bär. Denn dann verwandelt sich ganz Rüdesheim vier Wochen lang in den „Weihnachtsmarkt der Nationen".

Hier steht alles im Zeichen des Weins: die weltberühmte Drosselgasse in Rüdesheim (u. l.), Schloss Johannisberg, wo die Riesling-Kultur ihren Anfang nahm (u. r.), und im Gewölbekeller des Staatsweinguts Domäne Assmannshausen (großes Foto rechte Seite)

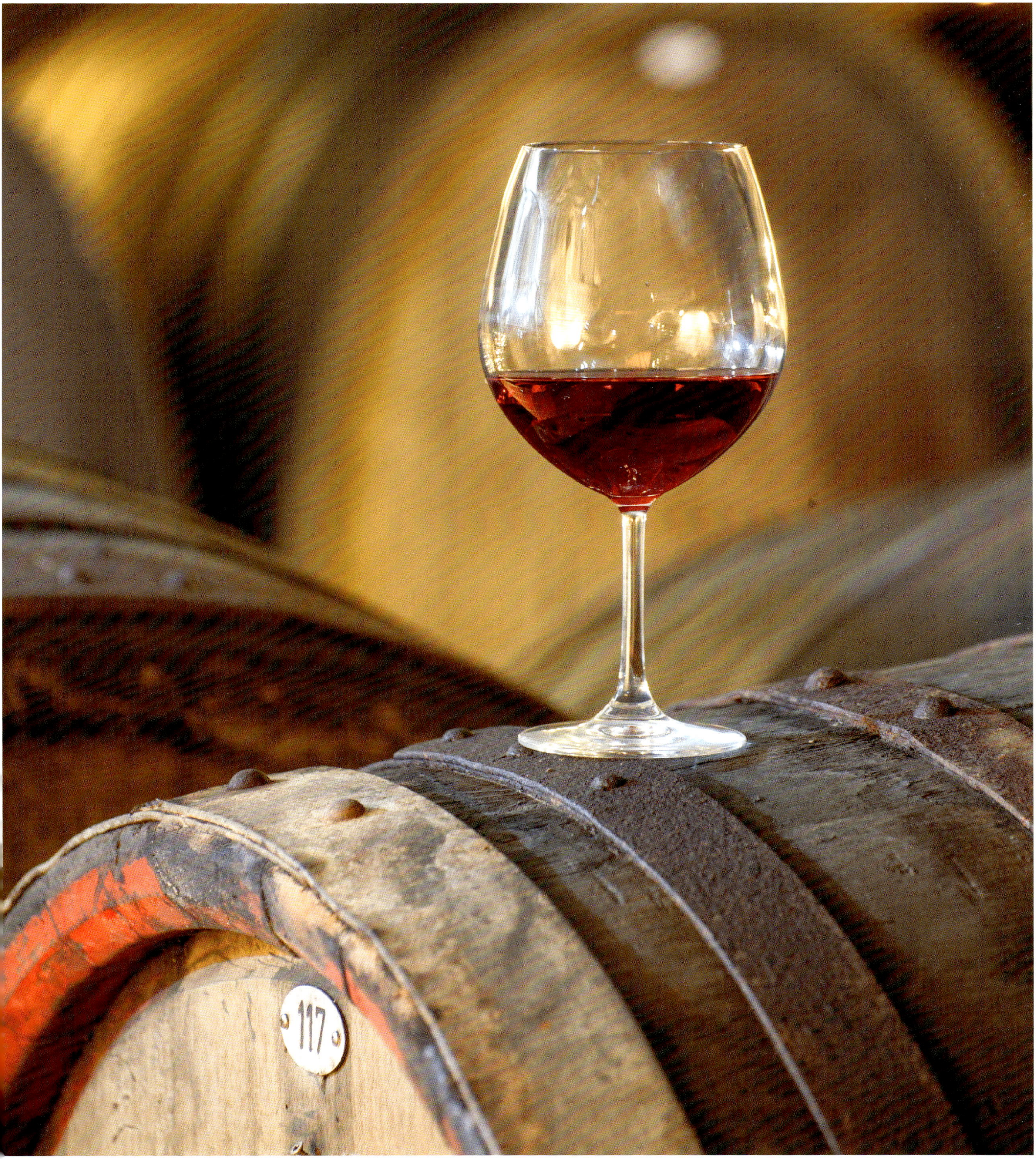
117

Genuss und Geselligkeit zum Ausklang des Tages: Weinprobierstand am Rheinufer in Eltville zur „blauen Stunde"

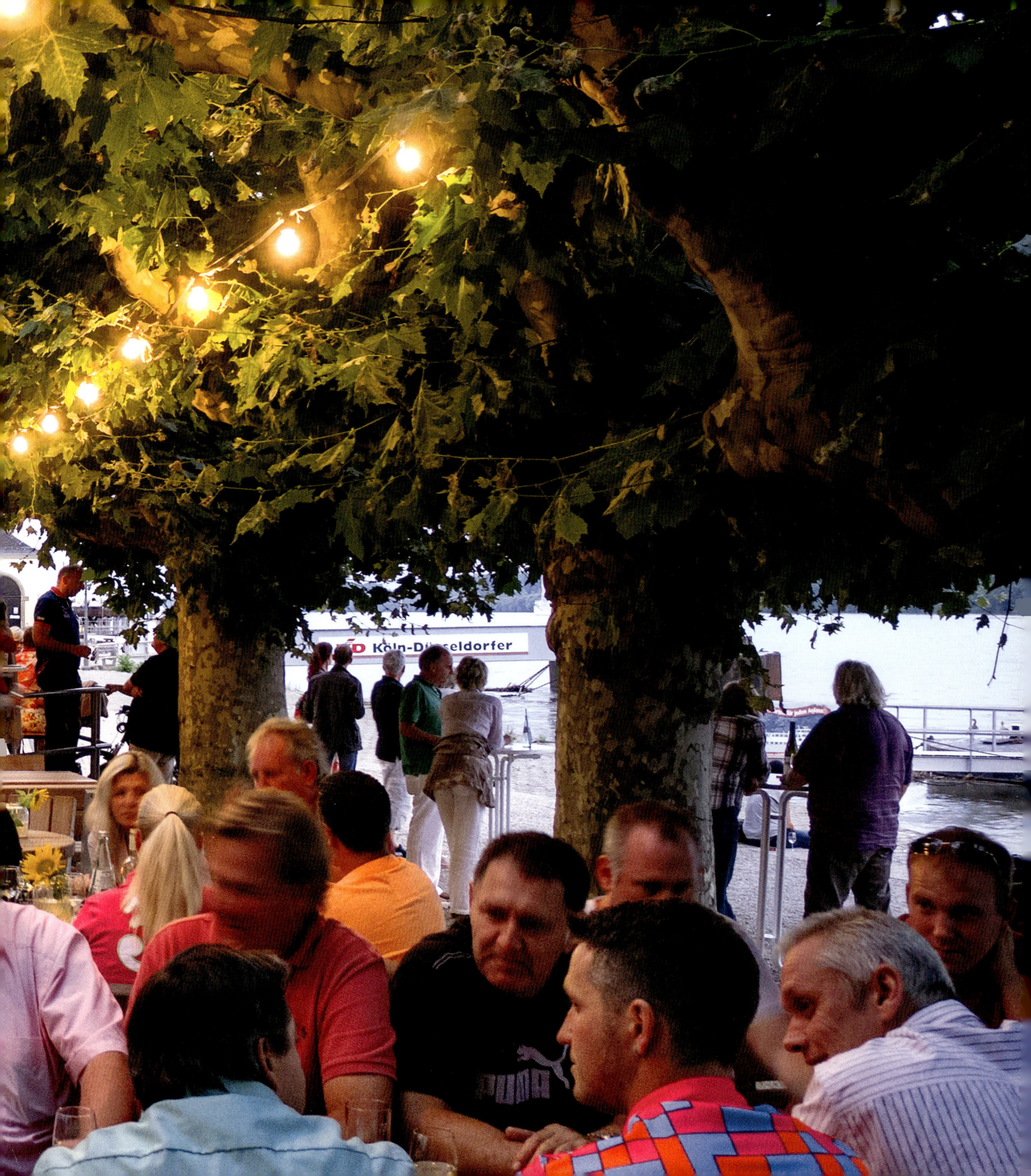
Köln-Düsseldorfer

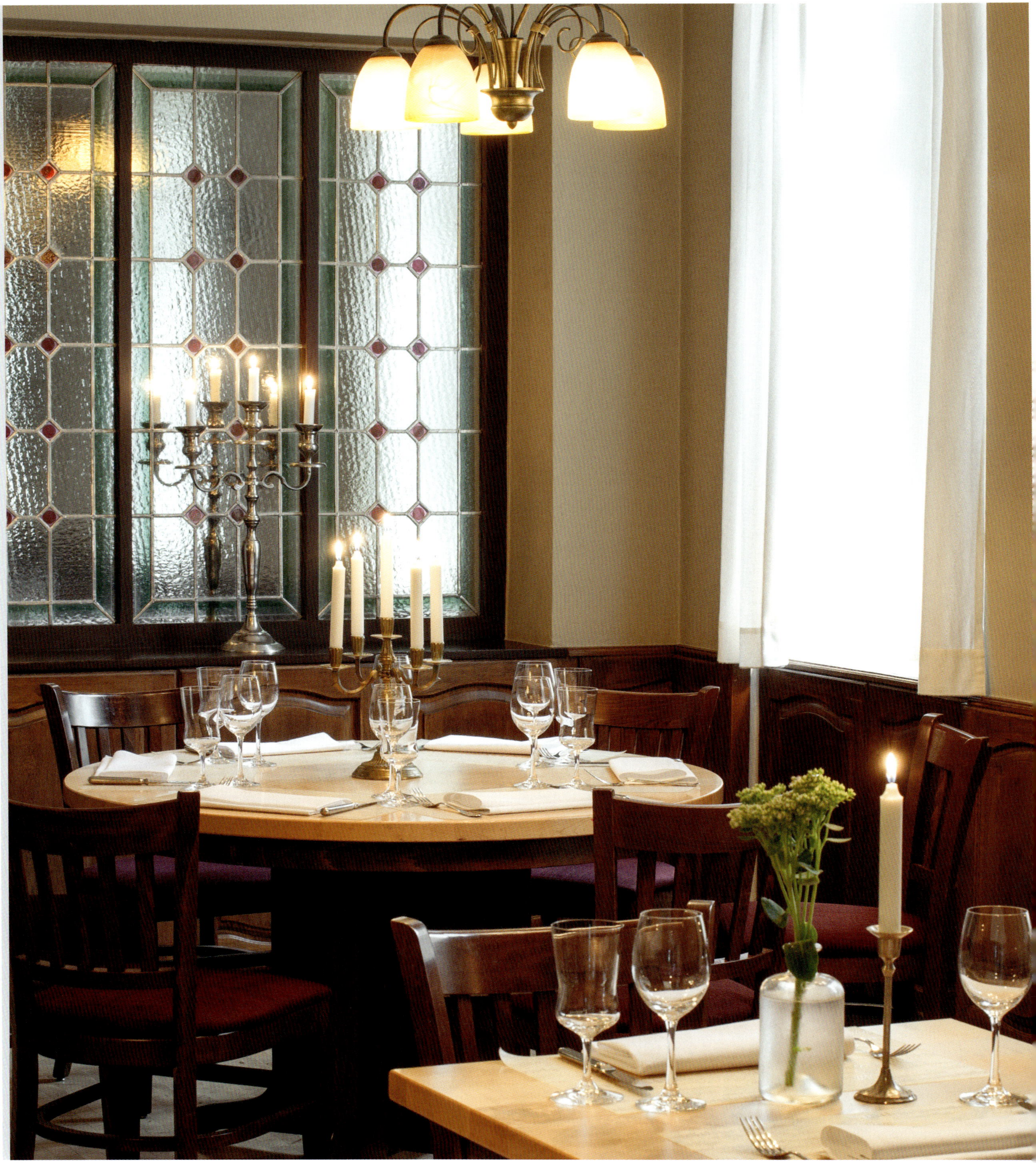

Sich für den Genuss Zeit nehmen

„Das Geheimnis unserer Gastronomie ist es, dass wir kein Geheimnis daraus machen." So einfach ist das Erfolgsrezept der zwei jungen Gastronomen, die hinter dem Gastronomie-Erlebnis „_kuli.nariath" in Hochheim stecken. Eine nicht nur aufstrebende Historie hat der traditionsreiche Hochheimer Hof mitten im Herzen der Altstadt. Doch hier haben sich mit Jan Marin und Sebastian Scheffel zwei hochmotivierte Gastronomen zusammengefunden, die beweisen, dass Tradition und Schick, Feingefühl und Geschäftssinn in der Gastroszene von heute durchaus harmonieren. Wer es einmal ausprobiert hat, den lässt das Ereignis _kuli.nariath nicht mehr los. Denn Jan Marin und Sebastian Scheffel verstehen sich in erster Linie als Gastgeber und schafften es, dem Restaurant im Hochheimer Hof eine neue Unbeschwertheit und einen eleganten Stil zu geben. Stylish und frisch ist das Ambiente im Restaurant und im Sommergarten. Tüchtig ist das Team, das bei allem Bemühen immer eins in den Mittelpunkt stellt: den direkten Draht zum Gast. Dabei wissen sie, wie Gastronomie heute sein sollte: spannend und transparent. Das zeigt sich auch auf der Karte, die klassische Küche ganz anders anbietet. „Wir feilen so lange an unseren Kompositionen, bis sie stimmig und ausgereift sind." Dabei stellen sie stets das Produkt in den Mittelpunkt und nicht die jeweils neueste Kochtechnik. „Unser Anliegen ist es, Lebensmittel aus der Region, von bester Qualität und aus einem naturverträglichen und artgerechten Anbau zu verarbeiten. Damit meinen wir biologisch erzeugt und fair gehandelt", sagen die Herren aus der Küche Daniel Delorme und Yasin Dayan. Denn das Streben nach Einfachheit, Harmonie und Transparenz ist das Leitbild von _kuli.nariath. Zurück zum Wesentlichen und das Neue fest im Blick – das macht eben auch in der Gastronomie Sinn und ist definitiv Zeitgeist. Und auch bei der Weinkarte sieht man, dass es vieles von bester Qualität direkt vor der Haustür gibt: Alle Weine im _kuli.nariath kommen aus Hochheim.

Dazu liegt das _kuli.nariath im Hochheimer Hof mitten in einem Kulturzentrum. Hier gibt es mit dem _kurfürsten.saal einen Veranstaltungsraum mit bis zu 150 Plätzen, der sich ideal für Events eignet. Comedy-Brunch, Konzerte, aber auch Hochzeiten oder ein Dinner-Abend mit Aperitif auf der angrenzende Dachterrasse mit Außenkamin über den Dächern der Hochheimer Altstadt können hier zu unvergesslichen Ereignissen werden. Gut feiern lässt es sich auch in der _gut.stubb mit kleineren Gesellschaften, exklusiv und ungestört vom Restaurantbetrieb. Für ein gelungenes Fest macht das Team von _kuli.nariath ganz individuelle Menü- und Eventvorschläge. Das kann mal ein traditionelles Buffet oder auch ein Flying Dinner sein, auf jeden Fall gibt es einen maßgeschneiderten Komplett-Service, der jedes Event unvergesslich macht. Nur eines sollte jeder Gast mitbringen: Zeit zum Genießen.

RESTAURANT _KULI.NARIATH
Jan Marin und Sebastian Scheffel
Mainzer Straße 26
65239 Hochheim am Main
Telefon 0 61 46 / 9 09 89 70
www.kulinariath.de

EDITION 7 3

Mit Weitblick: Wein & SektGut Stefan Breuer

Vorsichtig nimmt Stefan Breuer die fast braunen, eiskalt gefrorenen Weintrauben vom Rebstock. Eine Folie hat sie bis heute hier gehalten, weit über den üblichen Termin der Weinlese hinaus. Im Scheinwerferlicht des Traktors wird der kostbare Eiswein bei minus 9 Grad ganz früh an diesem Wintermorgen geerntet. Noch im gefrorenen Zustand gekeltert, wird aus ihm einmal etwas ganz Kostbares und Seltenes: ein Sekt, hergestellt aus Eiswein. Nur wenige Weingüter weltweit wagen diesen exklusiven Versuch, schließlich muss der kostbare Eiswein noch neun Monate auf der Flasche gären, bevor er als Sekt ausgeschenkt werden kann. Nur ganz wenige Flaschen dieses edlen Sektes ergibt die Eisweinernte, und die sind weltweit gefragt.

„Unsere Weinwelt entwickelt sich, sie wird internationaler, vielfältiger und erlebnisorientierter. Deshalb bauen wir moderne Weine aus und wagen auch Neues", sagt Stefan Breuer. Der motivierte, junge Winzer stammt aus einer traditionsreichen Rheingauer Winzerfamilie, und im Bewusstsein dieser Herkunft geht er seinen eigenen Weg: 2006 machte er sich selbstständig, zunächst in Marienthal, heute lebt er in einem Aussiedlerhof in Rauenthal. Im Rheingau hat Breuer rund 5 Hektar Wingert in der Lorcher Lage Kapellenberg, im Johannisberger Vogelsang und Kilzberg und im Erbacher Siegelsberg gepachtet. Und weitere fünf Hektar in Rheinhessen gehören ebenfalls zum Weingut: In den Toplagen Bockstein und Schlossberg in Großwinternheim wachsen edle Spätlesen und Auslesen, die Stefan Breuer in Kooperation mit dem befreundeten Winzer Klaus Singer-Fischer hier erntet und in einem zweiten Weinkeller vor Ort ausbaut. „Two Faces" heißen die Weine dieser Serie in Erster-Gewächs-Qualität, und das Etikett ziert das Konterfei der beiden Winzerfreunde. „Der Austausch mit Kollegen ist wichtig, denn gute Ideen können nur entstehen, wenn man den Blick weitet", so Breuer.

Komplettiert wird das beeindruckende Angebot im Weingut Stefan Breuer durch exklusiven italienischen Wein: Im Piemont bewirtschaftet er einen halben Hektar Barbera und bietet jährlich 1200 Flaschen Wein aus dieser Region. Das wissen Kunden in ganz Deutschland von Sylt bis München und auch in ganz Europa zu schätzen. Gastronomen und Weinhändler in Dänemark, Norwegen, Russland und der Schweiz lieben die rassigen Rieslinge, die im Barrique gereiften Spätburgunder oder den Silvaner, der im großen 1200-Liter-Holzfass reift.

„Moderne Weine, aber mit Tradition. So lässt sich kurz auf einen Nenner bringen, wie wir unser Weinhandwerk verstehen. Für uns heißt das: in den Boden hineinzuhören und die Mineralität, die er bietet, optimal im Wein zur Geltung zu bringen – das Terroir muss sich durchsetzen", sagt Stefan Breuer und kontrolliert liebevoll die Flaschen, in denen sich der Eiswein zum Sekt entwickelt.

WEIN & SEKTGUT
Stefan Breuer
Auf der großen Straße 10
65345 Eltville
Telefon 0 61 23 / 9 74 21 36
www.breuer-wein.de

Weinbau mit Tradition im Weingut Keßler

Das Weingut Keßler, am Ortsrand von Martinsthal gelegen, blickt auf eine über 250-jährige Weinbautradition zurück. Heute wird das Weingut von Stefan Keßler geführt, der bei allem Bestreben, den Familienbetrieb mit innovativen Ideen voranzubringen, stets auch die Tradition im Blick behält. Denn die Keßlers sind engagierte Winzer aus Leidenschaft: Vater Klaus-Peter war sogar lange Jahre Präsident des Rheingauer Winzerverbands.

13 Hektar Rebfläche bewirtschaftet Stefan Keßler nach modernsten Methoden. Rund ein Viertel seiner Reben wachsen in der Martinsthaler Wildsau, die nicht nur wegen ihres zotigen Namens bekannt ist, sondern auch für ihre gehaltvollen Rieslingweine mit feiner Säure. Weitere größere Rebflächen bewirtschaftet der Familienbetrieb in den Lagen Eltviller Sonnenberg, Taubenberg und Martinsthaler Rödchen. Eine Reihe kleinerer Weinberge in verschiedenen anderen Lagen kommen noch hinzu.

Unter den angebauten Rebsorten macht der Riesling mit fast zwei Dritteln den größten Teil der angebauten Rebsorten aus. Dabei wird für jeden Weingeschmack etwas geboten: von frischen, fruchtigen Qualitätsweinen über spritzige Winzersekte bis zu edelsüßen Spezialitäten wie Auslesen und Beerenauslesen. Darüber hinaus gibt es gereifte Spätburgunder, die ihren „vanilligen" Holzton beim Ausbau im Barriquefass erhalten. Eine besondere Spezialität im Hause Keßler ist außerdem der trockene Schwarzriesling Rosé-Sekt. Abgerundet wird das Angebot mit edlen Bränden: Trester vom Spätburgunder, im Eichenholz gereift, Traubenbrand vom Riesling und Spätburgunder Alter Weinbrand.

Im gemütlichen Gutsausschank, der von März bis Juni und von Ende August bis Oktober geöffnet ist, werden zum umfangreichen Angebot edler Weine allerlei hausgemachte Speisen serviert, vom Grillbraten über Wildschinken bis zu Frischkäse-Variationen und Rieslingcreme. In den Sommermonaten wird jeweils von Mittwoch bis Sonntag im idyllischen Weingarten ausgeschenkt. Hier lässt sich in lauschigen Nischen inmitten der Reben entspannen und bei malerischem Ausblick auf die weinbewachsenen Hänge stilvoll Wein genießen. Dabei geht es ganz unkompliziert zu: Am Weinstand deckt man sich selbst mit Getränken und kleinen Schmankerln wie Spundekäs oder Fleischwurst ein. Und während die Erwachsenen die Seele baumeln lassen, steht den Kindern der große hauseigene Spielplatz offen, was gerade auch junge Weinfreunde und Familien sehr zu schätzen wissen.

WEINGUT KESSLER
Stefan Keßler
Heimatstraße 18
65344 Eltville-Martinsthal
Telefon 0 61 23 / 7 12 35
www.weingut-kessler.de

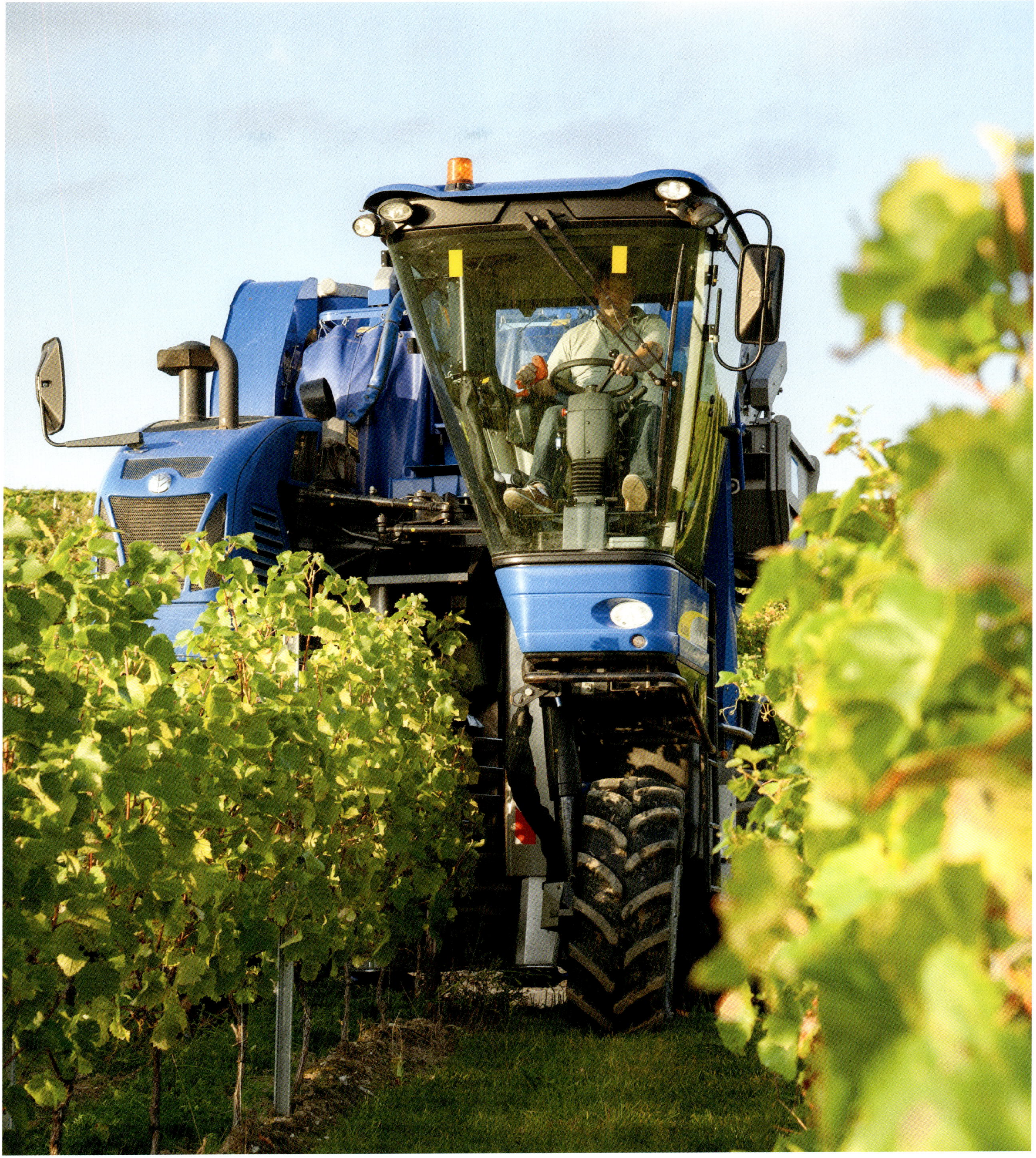

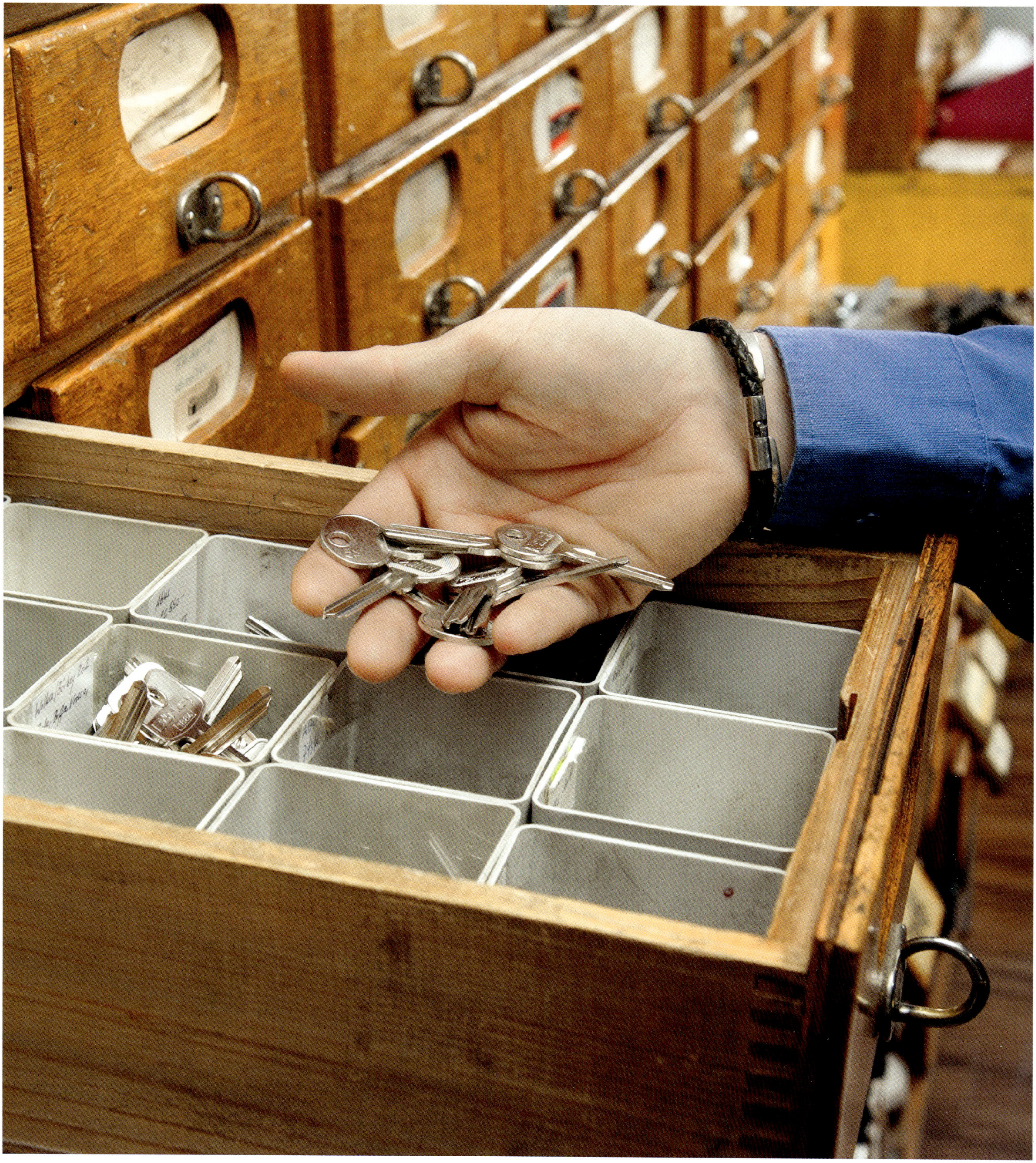

Sicherheit ist das Thema im Fachmarkt Bihrer

„Ich habe einen Schrank geerbt, aber mir fehlen die Schlüssel und Beschläge dazu", erklärt die junge Frau Andreas Bihrer. Der kann ihr sofort helfen, schließlich ist er der „Herr der Schlüssel" und hat über 2000 verschiedene Rohlinge für modernste Türanlagen, aber auch für historische Stücke am Lager. „Man ist in diesem Beruf auch immer Handwerker und nicht nur Kaufmann", erklärt er schmunzelnd. In über 100 kleinen Schubladen finden sich die verschiedensten Kleinteile, die schon so vielen Kunden bei kleinen und großen Problemen geholfen haben. Dabei schätzt man vor allem die Erfahrung und die fachliche Beratung im Hause Bihrer ganz besonders.

Bihrer, das ist Tradition seit 1834 im Herzen von Eltville: In der Rheingauer Straße wurde das Fachgeschäft gegründet und 1930 vom ersten Bihrer übernommen. Hier wird Verlässlichkeit gelebt seit Generationen. Es gibt wenige Geschäfte, in denen sich Tradition und Gegenwart so wunderbar verbinden, wo klassisches Handwerk und moderne Dienstleistung aus einem Guss erscheinen und der Kunde in eine Welt voller Eisenwaren und modernster Technik eintauchen kann. Andreas Bihrer macht es möglich.

2011 modernisierte er mit seiner Frau Katrin den traditionsreichen Fachmarkt, die unzähligen Schubladen blieben. Schlüsseldienst und Sicherheitstechnik nehmen nun jedoch einen breiteren Raum ein. Perfekte Dienstleistung und umfassender Service, den die Kunden in der Region und von weiter her zu schätzen wissen, prägen seit jeher die Arbeit beim Bihrer. Es ist der Fachmarkt von nebenan geblieben.

Erfahren und kompetent als Partner in allen Fragen der Sicherheit, haben sich Andreas Bihrer und sein Mitarbeiter Frank Edinger, der seit über 25 Jahren im Betrieb arbeitet, als Spezialisten für Sicherheit im Rheingau einen Namen gemacht. Das weiß auch das Landeskriminalamt, das Bihrer als Fachgeschäft für Sicherheitstechnik zertifiziert hat. Von den verschiedensten Schließanlagen für Türen und Fenster, mechanischem Einbruchschutz über Alarmanlagen und digitale Überwachung bis hin zu den gesetzlich vorgeschriebenen Rauchmeldern und anderen Frühwarnsystemen in vielen Ausführungen reicht das Angebot. Kompetente fachliche Beratung und Planung, vor allem auch die Montage der verschiedenen Systeme verstehen sich von selbst. Ganz unverbindlich kommt der Sicherheitsexperte sogar zum Kunden nach Hause, um vor Ort über die richtigen Sicherheitssysteme zu beraten. Und auch beim Schlüsseldienst ist Andreas Bihrer ein seriöser und zuverlässiger Partner.

Dazu gibt es im Fachmarkt ein breites Warenangebot: egal ob Qualitätswerkzeug, Elektro- und Sanitärartikel, Gartenzubehör oder eben alles rund um das Thema Befestigung. Traditionell bekommt man bei Bihrer Schrauben, Nägel und Dübel aus den magischen kleinen Schubladen auch einzeln.

FACHMARKT BIHRER
Andreas Bihrer
Rheingauer Straße 10
65343 Eltville
Telefon 0 61 23 / 24 82
www.bihrer.com

Käse Spezialitäten

Parma Schinken 4,95
Bizantino 2,90

3 Länder Teller

Chips von der
blauen Kartoffel
(Frankreich)
mit
Serranoschinken
(Spanien)
+
1 Glas 0,1 L
Bardolino
(Italien)

9,50 €

Die Kostbar: Oase des guten Geschmacks

Von Argentinien bis Japan ist sie bekannt: Die Kostbar, der Gourmet-Treff in der Eltviller Fußgängerzone, lässt Feinschmeckerherzen höherschlagen. Nicht nur aus dem Rheingau kommen Liebhaber exquisiter Delikatessen in dieses Feinkostgeschäft und Bistro. „Wir haben Kunden aus Hamburg und München, französische Gäste und aus der ganzen Region", so Susanne Schlier. Ein Geheimnis hat die Kostbar aber trotzdem: Jeder, der hierherkommt, fühlt sich sofort fern vom Alltag in einen kleinen Urlaub versetzt, egal, ob er eine der vielen Delikatessen mit nach Hause nimmt oder sie in dem schönen Bistro verkostet.

Schon die Palme vor der Eingangstür steht für mediterranes Lebensgefühl. Das Ambiente, ganz im Landhausstil gehalten, kleine Bistrotische mit Korbstühlen und liebevoll dekorierte Wohnaccessoires schaffen ein südländisches Einkaufsgefühl, das alle Sinne belebt. Die Kostbar bietet ein exquisites Sortiment an Köstlichkeiten aus aller Welt, das in dieser beeindruckenden Vielfalt und Qualität seinesgleichen sucht. Vieles kommt aus dem Mittelmeerraum, von Erzeugern, die Kostbar-Inhaberin Susanne Schlier auch ganz persönlich kennt. Dazu gehören ausgesuchte Käse-, Salami- und Schinkenspezialitäten wie der italienische San-Daniele-Schinken von Levi. Es gibt eine Vielfalt an Antipasti und eingelegten Oliven. Köstlich duften die exklusiven Kaffeemischungen wie die äthiopische Sorte Sidamo und die auserlesenen Tees von Kusmi.

In einem großen Regal stehen zahlreiche feinste Öle aus aller Welt, allein 16 verschiedene Olivenöle, außerdem Nuss-, Kern-, Saat- und Mandelöle. Darüber hinaus die herrlichsten Essigspezialitäten, wie delikate Balsamico- und Aperitif-Essige. Natürlich bietet die Kostbar auch lokale Spezialitäten: edle Rheingauer Weine, Riesling- und Weinbergspfirsich-Gelee. Begehrt sind auch die vielen Rosenspezialitäten der „Rosenstadt" Eltville: Gelee, Likör und Pralinen von der Rose werden hier ebenfalls angeboten.

Französische Pâtisserie-Spezialitäten im Kuchentresen, frische Croissants direkt aus Frankreich oder Pralinen von Valrhona und Venchi sind himmlische Verführungen für Genießer. Auch eine große Vielfalt an Likören, Edelobstbränden und Grappe lässt Liebhaber edler Spirituosen ins Schwärmen geraten. Vor allem für sein außergewöhnliches Whisky-Sortiment ist die Kostbar berühmt: Stilecht im knorrigen Holzregal verwahrt, werden auserlesene Single Malts angeboten. „Ein Gast aus Japan nimmt stets eine Flasche vom zwanzigjährigen Longmorn mit nach Hause", so Susanne Schlier. Die Gäste schätzen ihre fachkundige Beratung, die auch die neun Mitarbeiter garantieren. Das Team ist immer bemüht, die Gaumen der Kunden zu erfreuen, verpackt schöne und besondere Geschenke liebevoll und handbeschriftet. Auch die berühmten Präsentkörbe sind bei Kostbar etwas ganz Besonderes, denn hier gibt es nur gesunde und hochwertige Lebensmittel.

KOSTBAR
Susanne Schlier
Schwalbacher Straße 6
65343 Eltville
Telefon 0 61 23 / 79 49 95
www.kostbar-eltville.de

WEINGUT RHEINGAU

Zukunft braucht Herkunft

"Weinmachen ist Leidenschaft, und das liegt uns im Blut", sagt Frank Nikolai und beobachtet zusammen mit seiner Frau Katharina schmunzelnd, wie ihre Töchter mit Opa Heinz Nikolai die Gerätschaften der Traubenlese mit dem Wasserschlauch abspritzen. Frank Nikolai, der gerade im Keller die frisch ins Fass gebrachten Jahrgangsweine kontrolliert, muss es wissen, denn er ist, wie auch seine Frau Katharina, mit dem Weinbau groß geworden. "Und wie jetzt auch unsere Töchter", sagt er. Im Erbacher Weingut Nikolai gehen Tradition und Moderne nämlich sprichwörtlich Hand in Hand, und das merkt man auch den vielfach prämierten Weinen des Gutes an.

"Zukunft braucht Herkunft": Dieses Motto begleitet Familie Nikolai täglich im Weinbau. "Denn die Erfahrung aus dem Vergangenen gibt uns Sicherheit für die Zukunft", sagen die Winzer aus Leidenschaft. Man ist stolz darauf, ein echtes Familienweingut zu sein, diese Tradition immer weiter mit neuen Inhalten zu füllen und dabei dynamisch den eigenen Weg weiterzugehen. Schon seit mehr als 180 Jahren betreiben die Nikolais mit großem Engagement Weinbau im Rheingau. Auf 13 Hektar Rebfläche in den Gemeinden Erbach, Kiedrich und Hallgarten werden neben der für den Rheingau so typischen Rieslingrebe auch Weißer Burgunder, Sauvignon blanc und Blauer Spätburgunder angebaut.

Ihre Arbeit verstehen Heinz und Frank Nikolai als sorgfältig ausgeführtes Handwerk: Vom Rebschnitt über die Ernte bis zur Abfüllung verrichten die Winzer im Haus Nikolai alle Tätigkeiten selbst. "Wein ist Handwerk, und mit den Händen gestalten wir als Winzerfamilie unsere Gewächse. Wir nennen es nicht Philosophie, sondern viel mehr unseren eigenen Stil ohne Überdrehungen", so Frank Nikolai. Und so ziehen schon die Kleinsten im Hause Nikolai gemeinsam mit an dem einen Strang, um das bestmögliche Potenzial der Weinbergslagen zutage zu fördern. Dabei sei es auch wichtig, authentische Weine mit unverwechselbarer Herkunft im Einklang mit der Natur nachhaltig zu erzeugen.

Klarheit, Balance und präzise gereifte Frucht charakterisieren die Rebensäfte des Erbacher Weinguts, die schon mit vielen Gold- und Silbermedaillen sowie nationalen und internationalen Preisen (u. a. Staatsehrenpreise bei der Hessischen Landesweinprämierung und dem Deutschen Rieslingpreis) ausgezeichnet wurden. Vom Schoppenwein in der Literflasche über trockene und feinherbe Kabinette und Spätlesen bis hin zu edelsüßen Spitzengewächsen kann man bei Nikolais alle Spielarten der wohl komplexesten Rebsorte der Welt in der schön gestalteten Vinothek verkosten. Rassige Sektspezialitäten, Weißherbste und Rotweine vom Blauen Spätburgunder gibt`s natürlich auch.

WEINGUT HEINZ NIKOLAI
Katharina und Frank Nikolai
Ringstraße 16
65346 Eltville-Erbach
Telefon 0 61 23 / 6 27 08
www.heinz-nikolai.de

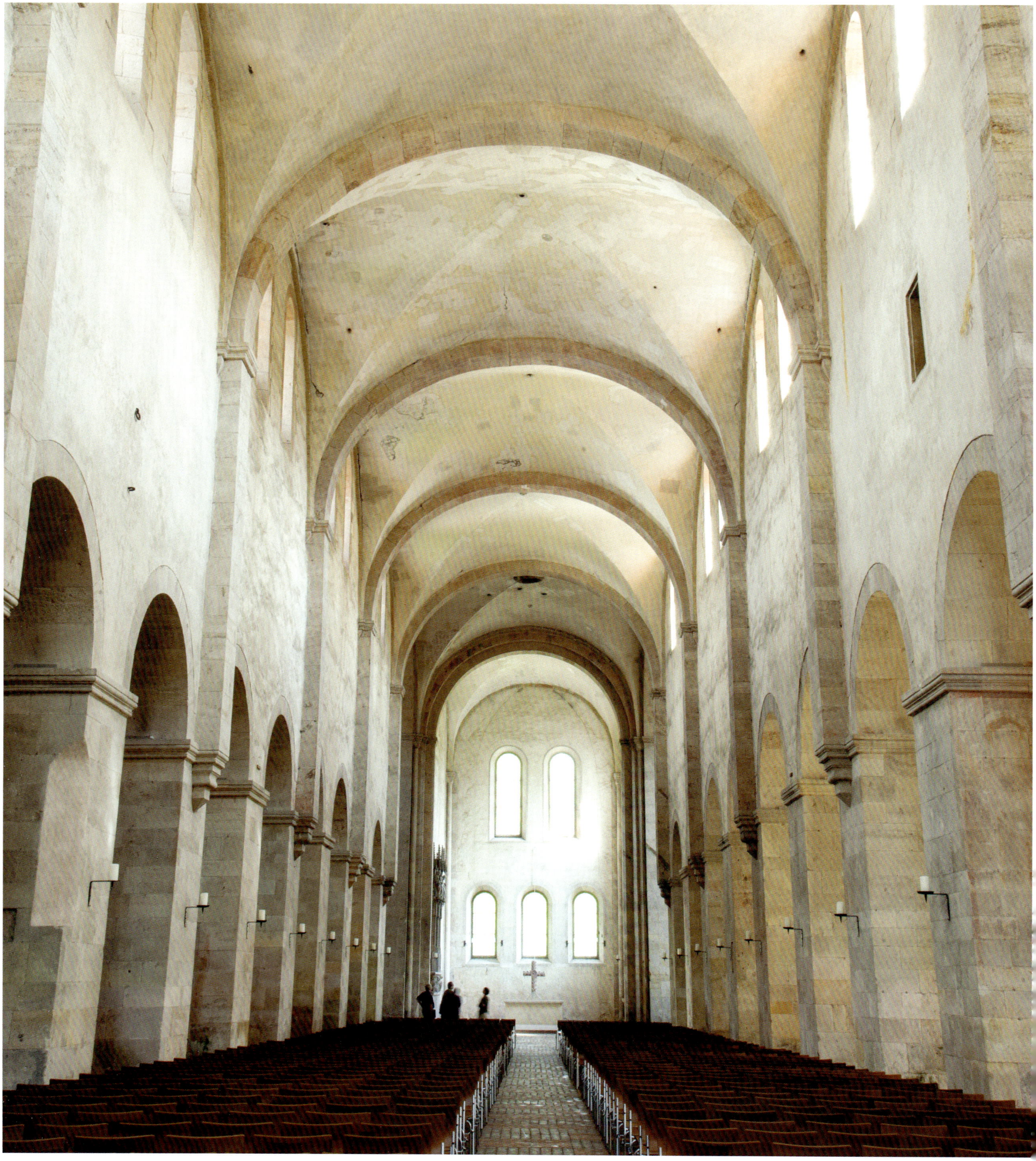

Ein Kulturgut der Extraklasse: Kloster Eberbach

Weinbautradition, Festivalstätte und Drehort für Kinofilme: Das ehemalige Zisterzienserkloster Eberbach besticht mit ungeheurer Vielfalt.

Im Jahr 1136 gründeten Zisterziensermönche in einem verschwiegenen Talschluss am Rande des Taunusgebirges nahe dem gotischen Weindorf Kiedrich am Eberbach das gleichnamige Kloster. Bis heute ist das Kloster allen Widrigkeiten und Kriegen zum Trotz in den wesentlichen Baukörpern erhalten geblieben. Das macht Eberbach zum einmaligen, typischen und vollständig erhaltenen Beispiel für Architektur und Formgebung eines Zisterzienserklosters. Strenges Leben, diszipliniert Bewirtschaftung und Erfolge im Weinbau machten die Abtei bald zu einem florierenden Wirtschaftsbetrieb. Das heutige Erscheinungsbild des Klosters spiegelt noch immer die jahrhundertealte Weinbautradition wider.

Sehenswert sind die 1186 geweihte Klosterkirche, eine mächtige romanische Basilika mit herausragender Akustik, kunstvoll gestaltete Grabmäler und das Mönchsdormitorium. Es gibt keine Geschichtsphase, keinen historischen Konflikt, keinen Baustil, keine epochemachende Idee, die hier seit der Abteigründung im hohen Mittelalter keine Spuren hinterlassen hätte. Wie in einem großen steinernen Archiv wird die Geschichte vieler Jahrhunderte lebendig. Martin Blach, der Geschäftsführer der Stiftung Kloster Eberbach, formuliert es so: „Für viele ist die ehemalige Zisterzienserabtei Eberbach im Rheingau mehr als nur eine historische Klosteranlage. Vielmehr ist sie jahrhundertelang und bis heute spürbar Wirkungsstätte des Zisterzienserordens. Sie ist eine einzigartige Veranstaltungsstätte mit eindrucksvollen Räumlichkeiten und ganz besonderen Erlebnissen. Sie verbindet in unnachahmlicher Weise denkmalgeschützte Klosterbaukunst mit traditionsreicher Weinbaukultur und hochklassiger Gastronomie. Sie ist Sitz des mit rund 200 Hektar größten Weinguts Deutschlands und Wahrzeichen für mehr als 800 Jahre Weinbau im Rheingau. Sie bietet mit einem ansprechenden Restaurant und einem stilvollen Gästehaus das erholsame Verweilen in einer naturverbundenen Anlage an. Sie präsentiert im Rahmen von Führungen, Gottesdiensten, Ausstellungen, Vorträgen, Wein-Führungen und Konzerten zahlreiche kulturelle Höhepunkte. Sie ist Ziel von jährlich 300 000 Besuchern. Das Angebot des Klosters ist in der Region und darüber hinaus einzigartig: Erholung, Kultur und Wein." Die Begeisterung, die aus diesen Worten spricht, macht neugierig. Die Stiftung Kloster Eberbach

Ein grandioses architektonisches Gesamtensemble: die romanische Basilika des Klosters Eberbach (großes Foto linke Seite), prächtiges Kreuzrippengewölbe im Mönchsdormitorium (u. l) und der teils romanische, teils gotische Kreuzgang (u. r.)

Kloster Eberbach im Rheingau

hat übrigens zusammen mit der Hessische Staatsweingüter GmbH Kloster Eberbach, den Gastronomiebetrieben Kloster Eberbach GmbH und dem Freundeskreis Kloster Eberbach e.V. in der Anlage ihren Sitz.

Seit 1998 finden hier unter der Obhut der Stiftung Kloster Eberbach Weinproben, Führungen, Konzerte des berühmten Rheingau Musik Festivals sowie andere kulturelle Veranstaltungen statt. Besonderer Höhepunkt sind die Weinversteigerungen, die zweimal im Jahr im ehemaligen Laiendormitorium abgehalten werden, dem mit 83 Metern Länge größten mittelalterlichen Profanraum in Deutschland. Eine Weinversteigerung in Kloster Eberbach zu erleben ist etwas ganz Besonderes. Nicht nur wegen der besonderen Atmosphäre im ehemaligen Zisterzienserkloster, sondern auch wegen des speziellen Prozederes. Denn Auktionen in Eberbach sind sogenannte „nasse Versteigerungen": Alle Weine, bis auf wenige Einzelstücke, werden im Saal ans Publikum ausgeschenkt. Und während der legendäre Auktionator Prof. Dr. Leo Gros den Hammer beim Höchstgebot fallen lässt, können sich die Zuschauer in aller Ruhe durch junge und ältere Tropfen probieren. Auf den berühmten Weinauktionen im Kloster Eberbach erzielen Spitzenweine regelmäßig Summen, die einem den Atem stocken lassen.

Auch zahlreiche Konzerte des Rheingau Musik Festivals finden in der hiesigen Basilika statt. Das weithin bekannte Festival schreibt seit über einem Vierteljahrhundert eine Erfolgsgeschichte mit jährlich über 160 Veranstaltungen an fast 50 Spielstätten, unter denen das Kloster Eberbach eine herausragende Stellung einnimmt. „Das erste Festival hatte mit damals 19 Konzerten und noch sehr begrenzten Werbemöglichkeiten zunächst ein Minus von 200 000 Mark gebracht", erinnert sich Michael Herrmann und bot schon im nächsten Jahr 30 Veranstaltungen an. Der Erfolg war unglaublich, Herrmann musste ein ursprünglich für das Dormitorium im Kloster Eberbach geplantes Konzert in die weitaus größere Basilika verlegen. Er selbst schleppte dafür die rund 2000 Stühle, die er in seinem VW-Bus selbst in das Kloster fuhr. Auch den Frack eines Dirigenten bügelte der Mann, der den Rheingau zum Klingen brachte, damals noch selbst auf – genau wie er so viele andere Dinge einfach persönlich erledigte.

Nicht zuletzt ist Kloster Eberbach weltweit bekannt geworden als authentische Kulisse und Drehort für zwei Kinofilme: Zum einen spielt hier ein Film über Hildegard von Bingen von Margarethe von Trotta, zum anderen Umberto Ecos Roman „Der Name der Rose": Im Winterhalbjahr 1985/86 drehte Regisseur Jean-Jacques Annaud hier mit dem berühmten Ex-James-Bond Sean Connery und vielen anderen Hollywoodgrößen den spektakulären mittelalterlichen Krimi. Dabei stand die ehemalige Zisterzienserabtei im Mittelpunkt der Dreharbeiten. Jedes Jahr im Sommer findet im Rahmen des „Kinosommer Hessen" eine Vorführung des Filmes auf einer riesigen Leinwand im Kloster Eberbach statt.

Zu den wenigen Schmuckstücken in der Basilika zählen restaurierte Grabplatten aus dem Mittelalter (großes Foto rechte Seite). Zeugen der Weinbautradition sind eine historische Weinpresse (u. l.) im Laienrefektorium und der Weinkeller (u. r.)

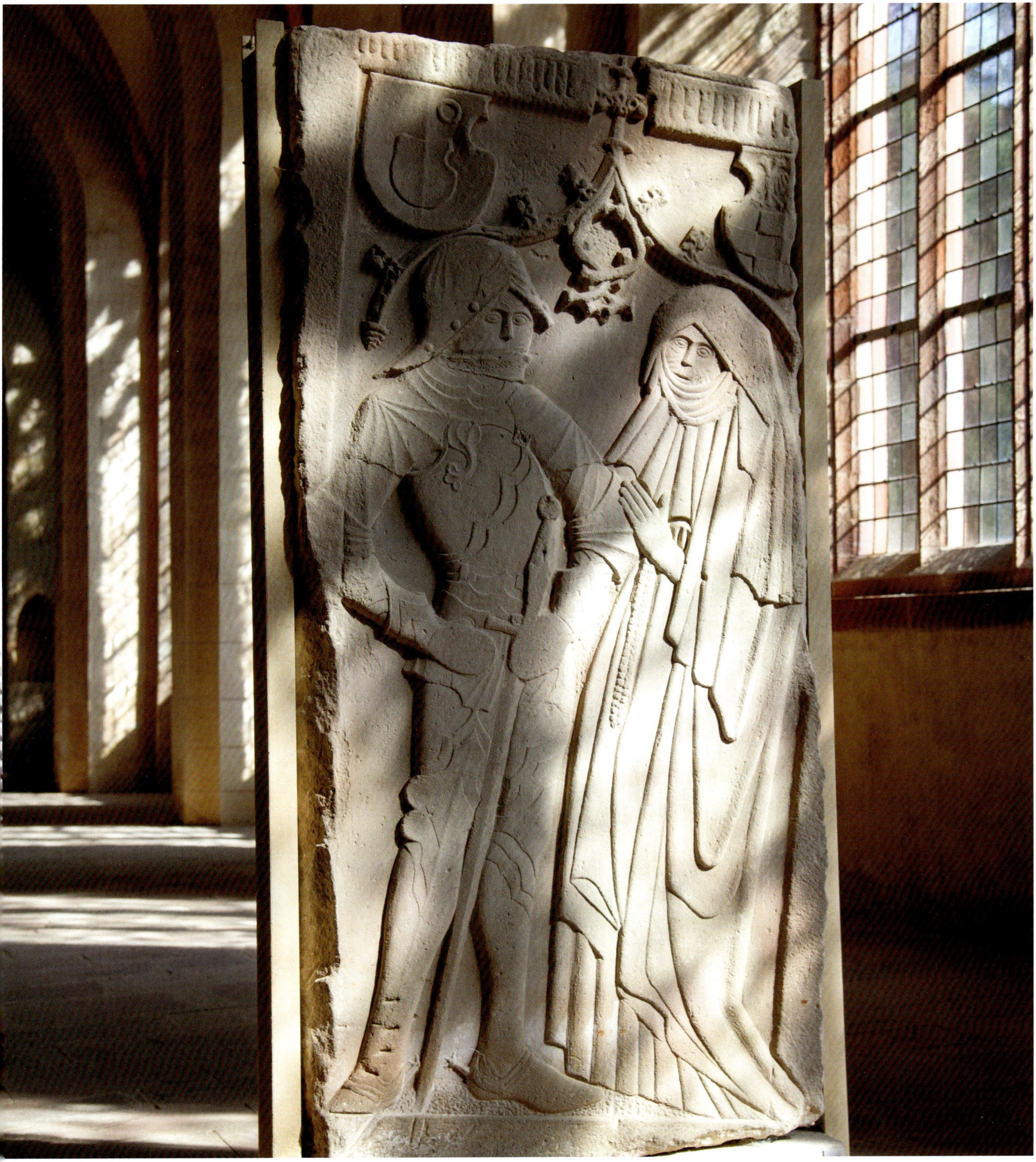

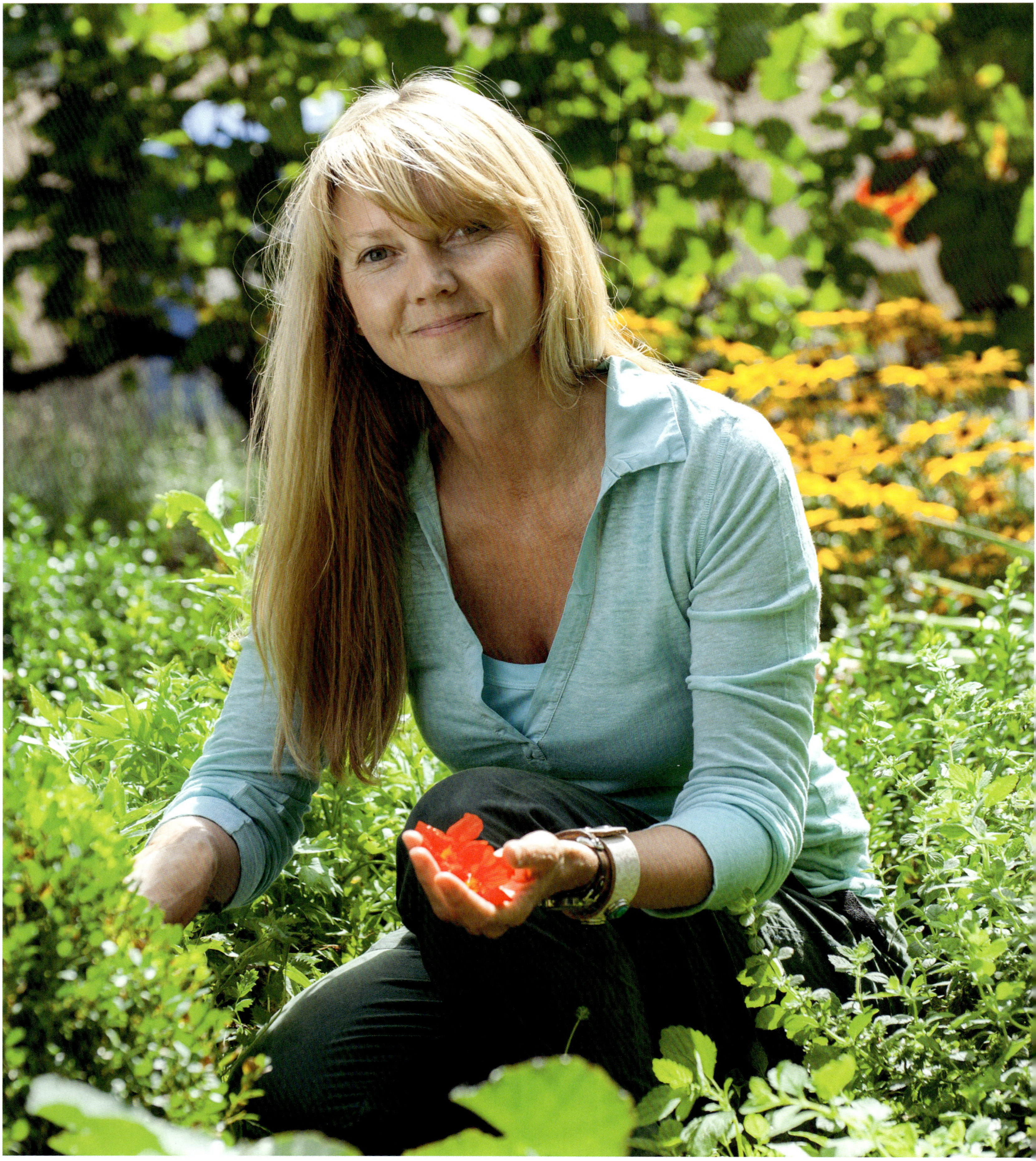

Mitten in den Weinbergen genießen

Verträumt sitzt das Hochzeitspaar auf einer ganz aus Fassdauben gezimmerten Bank – direkt am Teich auf der großen Wiese neben dem leise plätschernden Elsterbach, der durch das romantische Tal fließt. Mitten in den Weinbergen gibt sich das Paar unter einem Rosenbogen das Ja-Wort und feiert dann mit großer Gästeschar in der Ankermühle ein rauschendes Fest. Die Ankermühle ist unter den vielen heiratswilligen Paaren im Rhein-Main-Gebiet längst ein Begriff. Fast jedes Wochenende findet hier eine romantische Hochzeit statt, die vielfältigen Möglichkeiten von der Trauung auf der Mühlenwiese am Teich über Feste im „Schwalbennest", dem ausgebauten Dachboden der historischen Mühle, wissen die Gäste sehr zu schätzen.

Die Ankermühle, mitten in den Winkeler Weinbergen, war im 14. Jahrhundert eine Getreidemühle und ist seit 1974 auch bewirtet. Sehr idyllisch liegt sie in einem der schönsten Täler des Rheingaus am Elsterbach direkt am Fuß von Schloss Johannisberg. Birgit Hüttner und ihr Mann Holger Bub haben das weitläufige Anwesen vor einigen Jahren erworben und die historischen Gebäude behutsam restauriert und mit modernem Komfort für gemütliche Gastlichkeit ausgestattet. Dabei wurde in der einladenden Gutsstube und im sonnigen Innenhof mit lauschigen Plätzen in unmittelbarer Nachbarschaft der Weinberge viel Wert auf geschmackvolle Einrichtung und individuelle, kreative Dekoration gelegt: Kleine Wiesenblumensträuße in Großmutters Kristallvasen, Rebstöcke, handverziert mit lustigen Stoffeulen, stehen auf den Tischen, Hirschgeweihe – gerne auch mal in bunten Farben – zieren die Wände und einladende grasgrüne Kissen die Bänke und Stühle. Für Vierbeiner gibt es eine Wasserbar aus alten Fassdauben, und so zieht sich die ansprechende, oft witzige Ausstattung bis in jeden Winkel.

Kreativität zeichnet auch die gehobene Landhausküche der Ankermühle aus. Hier hat sich Küchenchef Marc Oertel auf Slow Food spezialisiert und kocht einfallsreich mit regionalen Produkten der Saison. Vor allem der hauseigene, direkt am Bach gelegene Kräutergarten inspiriert ihn – und so finden sich Sauerampfer, Lavendel, Rosen- und Borretschblüten, Löwenzahn und Ringelblume gerne mal auf dem Teller des Gastes. Aber auch Früchte, die rund um die Ankermühle wachsen, wie Birnen, Pflaumen oder Walnüsse, werden in der hochwertigen, natürlichen Küche nach alten Rezepten zu neuen, schmackhaften Gerichten verarbeitet.

Dazu kann die Ankermühle ihren eigenen Wein anbieten, und auch hier hat sich der Winzer Jörn Goziewski auf eine ganz eigene Linie mit besonderer Handschrift und unverwechselbarem Stil festgelegt: So gibt es neben den Rheingautypischen Basisweinen auch eine Premiumlinie, zu der die im Barrique ausgebauten Rieslingweine gehören und die mittlerweile bei Kennern vielbeachteten Orange-Weine, Rieslinge, die länger auf der Maische liegen und so eine besondere Farbe und einen extravaganten Geschmack bekommen.

WEINGUT ANKERMÜHLE
Birgit Hüttner
65375 Oestrich-Winkel
Kapperweg
Telefon 0 67 23 / 24 07
www.ankermuehle.de

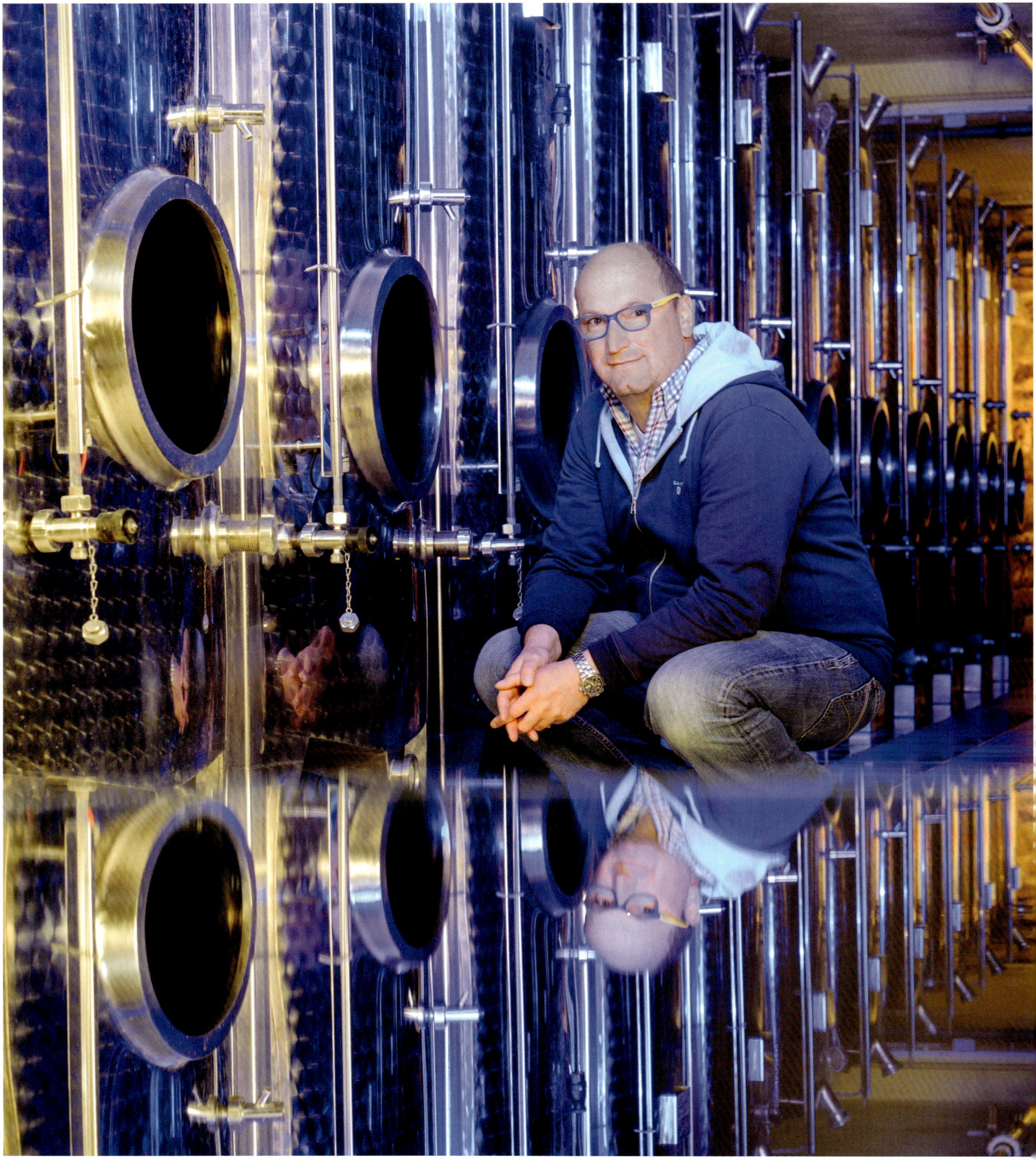

Familie + Tradition + Innovation = Allendorf

Es gehört laut „Gault & Millau" zu den 200 besten Weingütern in Deutschland und ist immer für eine besondere Überraschung gut. Seit sage und schreibe 1292 betreibt die Winkeler Familie Allendorf Weinbau mit Leidenschaft und sagt deshalb auch mit Stolz: „Wir sind das Weingut." Mit großem Einsatz, literweise Herzblut und viel Erfolg ist das Weingut Fritz Allendorf heute mit über 70 Hektar der größte private Weinbaubetrieb im Rheingau. Weinliebhaber aus ganz Deutschland und aller Welt schätzen die vollmundigen Rieslinge, die kräftigen Rotweine und eleganten Sekte.

Winzer Ulrich Allendorf und seine Schwester Christel Schönleber führen das Weingut, das über Top-Lagen im ganzen Rheingau, auch in Rüdesheim und in Assmannshausen, verfügt. Große trockene Rieslinge, Spätburgunder-Weine und kostbare edelsüße Rebensäfte, die in aller Welt von Kennern geschätzt werden, kommen von hier. Jede Generation der Allendorfs hat dazu beigetragen, dass das zum „VDP – Die Prädikatsweingüter" gehörende Gut immer mit Blick auf die Familientradition in eine aufstrebende Zukunft geführt wird. So hatte Fritz Allendorf 1964 den heute so berühmten Georgshof als Aussiedlerhof mitten in den Weinbergen gebaut. Der Hof sei schnell „Heimat geworden", und was Fritz einst begann, das setzt die weinverrückte Familie heute mit viel Engagement, innovativen Ideen und treuen Mitarbeitern fort.

„Wir haben den Anspruch an unsere Weine, dass jeder die herausragende Qualität erkennt. Jeder Wein hat einen eigenen Charakter, und das Terroir ist die schmeckbare Heimat der Weine", so Ulrich Allendorf, der auch in eine „Wein.Erlebnis.Welt" einlädt: Gemeinsam mit Winzerkollege und Schwager Josef Schönleber hat er in der ehemaligen Kelterhalle einen erlebbaren Parcours rund um den Wein, seine Aromen, Farbe und vor allem Geschmack eingerichtet. „Wein ist immer ein Erlebnis, ist Faszination vom ersten Schluck an. Denn Wein spricht alle Sinne an und beflügelt die Gefühle. Kein anderes Getränk hat im Laufe der Geschichte so nachhaltig Landschaften und Kulturen, Poesie und Literatur geprägt und verändert wie der Wein. Jeder Wein ist geprägt von seiner Herkunft, der Rebsorte und natürlich von der Handschrift des Winzers. Weine sind ‚Fingerabdrücke' von Natur und Mensch zum Trinken", so Allendorf.

Wein und Speise genießen kann man im Frühjahr und in den golden leuchtenden Herbstwochen auch in der Straußwirtschaft im Georgshof. Dann wird im lauschigen Gutshof unter dicht bewachsenen Rebdächern freundlich ausgeschenkt und aufgetischt. Die Gäste können den köstlichen Wein des Hauses und jahreszeitliche Saisonspezialitäten, zubereitet von Christel Schönleber, probieren. Kinder sind besonders willkommen, trinken kostenlos Traubensaft und dürfen auf einem großen Spielplatz im Hof des Weingutes toben.

WEINGUT FRITZ ALLENDORF
Ulrich Allendorf
Kirchstraße 69
65375 Oestrich-Winkel
Telefon 0 67 23 / 9 18 50
www.allendorf.de

Harmonie zwischen Tradition und Erneuerung

Ich komme gerade an, und alle meine Sinne werden wach. Die WINEBAR in Ehrhards Wijnhuis ist Wohlgefühl pur", so ein Weinfreund, der regelmäßig zu Gast bei Carl und Petra Ehrhard in Rüdesheim ist. Gemeinsam mit Studenten der benachbarten Weinbau-Hochschule Geisenheim und Weinkennern aus der ganzen Welt gehört er zu den Besuchern, die hier ihre Liebe zu Wein und Speisen in vollen Zügen genießen. „Harmonie zwischen Tradition und Erneuerung": In diesem Bewusstsein definiert das Weingut Carl Ehrhard seine Weine und bietet mit seiner WINEBAR ein im Rheingau einmaliges Konzept der Gastlichkeit: Der Gutsausschank, verbunden mit der sehr gut sortierten Vinothek, präsentiert sich als lässige Winebar mit Lounge-Charakter.

Dahinter steht ein hochmotiviertes Team, das seine kulinarische Wein-Leidenschaft teilen möchte: Petra Ehrhard, die mit ihrem Mann Carl und den drei Töchtern einige Zeit in Stellenbosch lebte und in Sachen Wein dort arbeitete; Alexander Nerius, in Südafrika geboren, im Rheingau aufgewachsen, der für die Darstellung des neuen Konzeptes werbegraphisch verantwortlich zeichnet; Rienne Martinez aus New York, Patissière, Köchin und Sommelière. „Unsere WINEBAR ist das gefühlte letzte Puzzleteil als Verbindung von Weingut, Vinothek, Gutsausschank, Innenhof und dem alten Gewölbekeller darunter – und vor allem als Treffpunkt für Menschen jeden Alters", erklärt Petra Ehrhard. Und das Konzept geht auf: Alle – junge Weinfreunde ebenso wie Rheingauer Stammgäste oder Weitgereiste – treffen sich gerne in den gemütlichen Goasträumen, die mit antiken Möbeln und liebevollen Details ausgestattet sind und zur Geselligkeit einladen. Ebenfalls ein Besuchermagnet ist der urige Weinkeller: Tische im Kerzenlicht neben Holzfässern und eindrucksvolle Messing-Applikationen an den Kellerwänden schaffen eine ganz besondere Atmosphäre.

Die Küche von Rienne bietet saisonal feine, kreative Speisen mit wöchentlich wechselnden Spezialitäten. Dazu die gesamte Kollektion der Ehrhard-Weine, deren Trauben in typisch filigraner Verspieltheit des Rheingaus und mit unverwechselbarem Charakter auf 10 Hektar der besten Lagen in Rüdesheim wachsen. Seit 150 Jahren spiegelt sich die Tradition in höchster Riesling- und Spätburgunderqualität wider, denn Qualitätsoptimierung im Weinberg und im Stückfasskeller ist oberstes Ziel der Ehrhards.

Damit noch lange nicht genug: Ob Weinfreak oder Weinneuling – in der WINEBAR kommt jeder zu seinem Genuss! Neben den hauseigenen sind ständig wechselnde Weine im Ausschank, insgesamt über 130 regionale, nationale und internationale Weine, und selbst für „Kein-Wein-Trinker" gibt es eine gute Auswahl an Craft-Bier, Whisky, Sherry und Port.

WINEBAR
c/o Weingut Carl Ehrhard
Geisenheimer Straße 3
65385 Rüdesheim
Telefon 0 67 22 / 4 73 96
www.cewinebar.com

WINEBAR
VINOTHEK
WIJNHUIS
WINEBAR
DESSERT
BITTE DER TAFEL ENTNEHMEN
WEINGUT EHRHARD
BITTE DER
TAFEL
ENTNEHMEN
AUFSCHNITT
AUFSCHNITT & KÄSE WIRD MIT FRISCHEM PANETTA SERVIERT
PORTION* 3.90 €
JAMBON DIJONNAIS, BURGUND
BASKENLAND
AUVERGNE

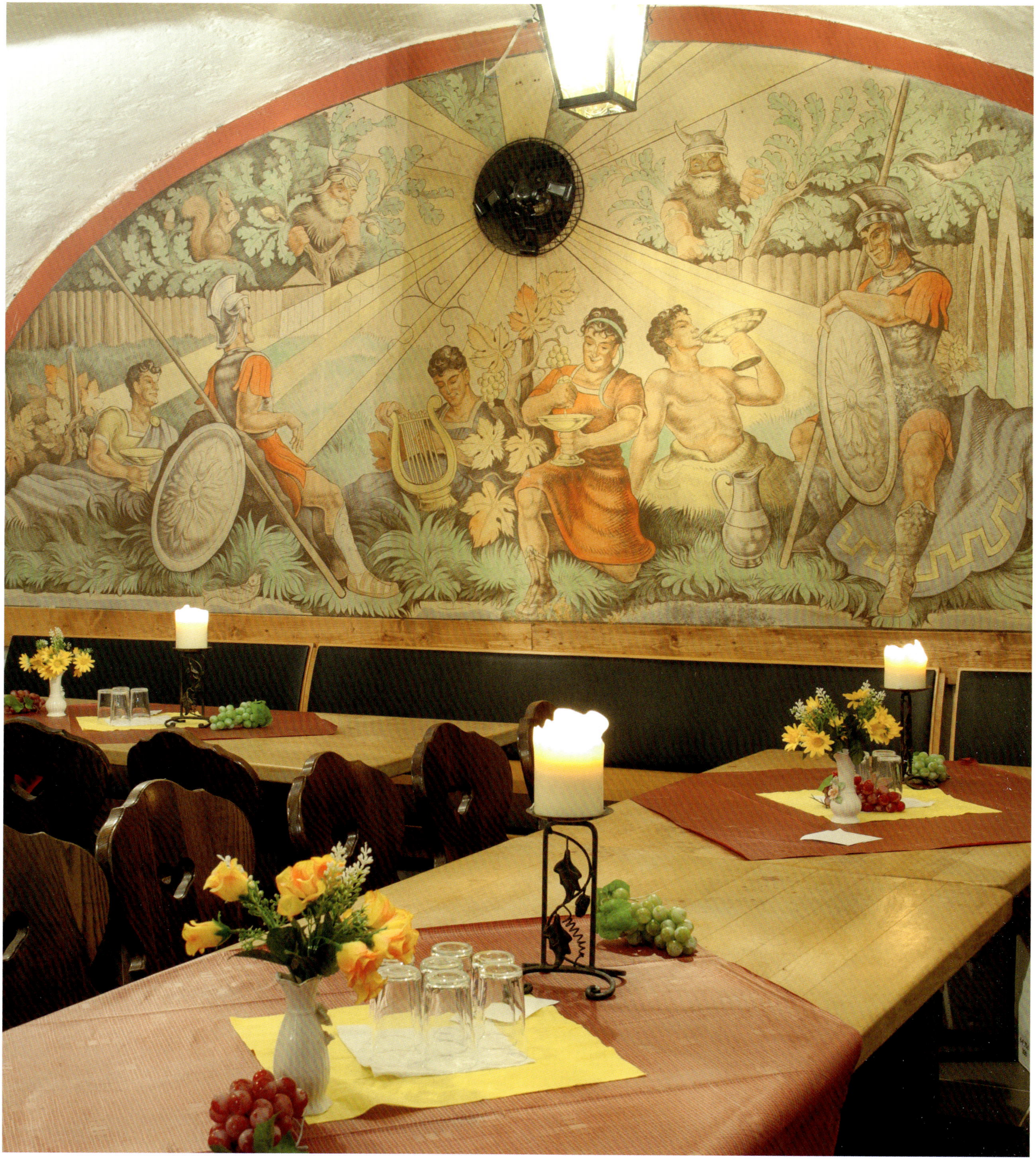

Rüdesheimer Gemütlichkeit

„Einmal am Rhein", singen die Weinfreunde im gemütlichen Keller der Rüdesheimer Römerstube und geben damit musikalisch wieder, was sie hier gerade erleben: Die Gäste kamen mit einem Kreuzfahrtschiff nach Rüdesheim und kehrten in der Römerstube ein, um Wein, Speise und die typische Rheingauer Lebensfreude zu genießen.

Und diese Lebensfreude heißt die Gäste hier sogar höchstpersönlich willkommen: Lubov Bem hält für die Besucher nicht nur eine reichhaltige Palette an köstlichen Rebensäften aus namhaften Rüdesheimer und Rheingauer Weingütern, aus rheinhessischen Anbaugebieten oder auch gerne ein frisch gezapftes Bier bereit. Ihr Lebensgefährte Klaus Auer hat auch immer einen Scherz auf den Lippen und ist für seine gute Laune weithin, nicht nur bei den Rheingauern, bekannt. Er unterstützt Lubov Bem, die Betreiberin der Römerstube und des Weinhauses Drosseleck, mit Humor, Kunst, Handwerk und Musik. Alle im Weinhaus und Restaurant stehenden Regale, Tafeln, Tische, innen und außen, haben sie zusammen entworfen und gebaut. „Unser ganzes Herzblut hängt an beiden Geschäften, und die Liebe zu gutem Wein und Essen leben wir hier aus", so die beiden Gastgeber. Gemeinsam sorgen sie für echte Gastfreundschaft, heißen alle Besucher herzlich willkommen und bieten gutbürgerliche Küche mit Stil. So ist neben Haxe, Bratwurst und Kassler vor allem auch die reichhaltige Schnitzelkarte mit dem leckeren „Römerschnitzel", mit Sauce Hollandaise, Spargel, Kochschinken, mit Goudakäse überbacken und Bratkartoffeln serviert, legendär. Zum Dessert darf es dann auch gerne mal einer der exklusiven, hausgemachten Schnäpse und Liköre sein oder ein Rüdesheimer Kaffee, frisch flambiert am Tisch. Kaffeespezialitäten und Kuchen gibt es natürlich auch – wahlweise in der gemütlichen Gaststube, unter lauschigen Schirmen draußen in der belebten Oberstraße oder im urigen Keller, am besten in einer lustigen Gesellschaft bis 60 Personen. Auch geführte Weinproben für Gruppen sind möglich.

Und wer dann noch nach einem Geschenk, einem Mitbringsel oder einer Flasche Wein für zu Hause sucht, ist bei Lubov Bem ebenfalls an der richtigen Adresse, denn sie betreibt auch das Weinhaus Drosseleck in der berühmtesten Weinstraße Deutschlands, der Drosselgasse. In diesem behaglich eingerichteten Weinhaus werden auch Weinproben für kleine Gruppen veranstaltet, und man kann die angebotenen Weine, alles erstklassige Tropfen aus der Region, probieren. Außerdem gibt es Weingelees, die hausgemachten Spirituosen und Accessoires rund um den Rüdesheimer Asbach und den Rüdesheimer Kaffee zu kaufen. Beim Stöbern durch die ansprechend bestückten Regale steht fachkundiges Personal zur Seite, und wer möchte, lässt sich Flaschen oder auch Gläser individuell gravieren.

RÖMERSTUBE
Lubov Bem
Oberstraße 45
65385 Rüdesheim
Telefon 0 67 22 / 9 44 48 87
www.weinhaus-drosseleck.de

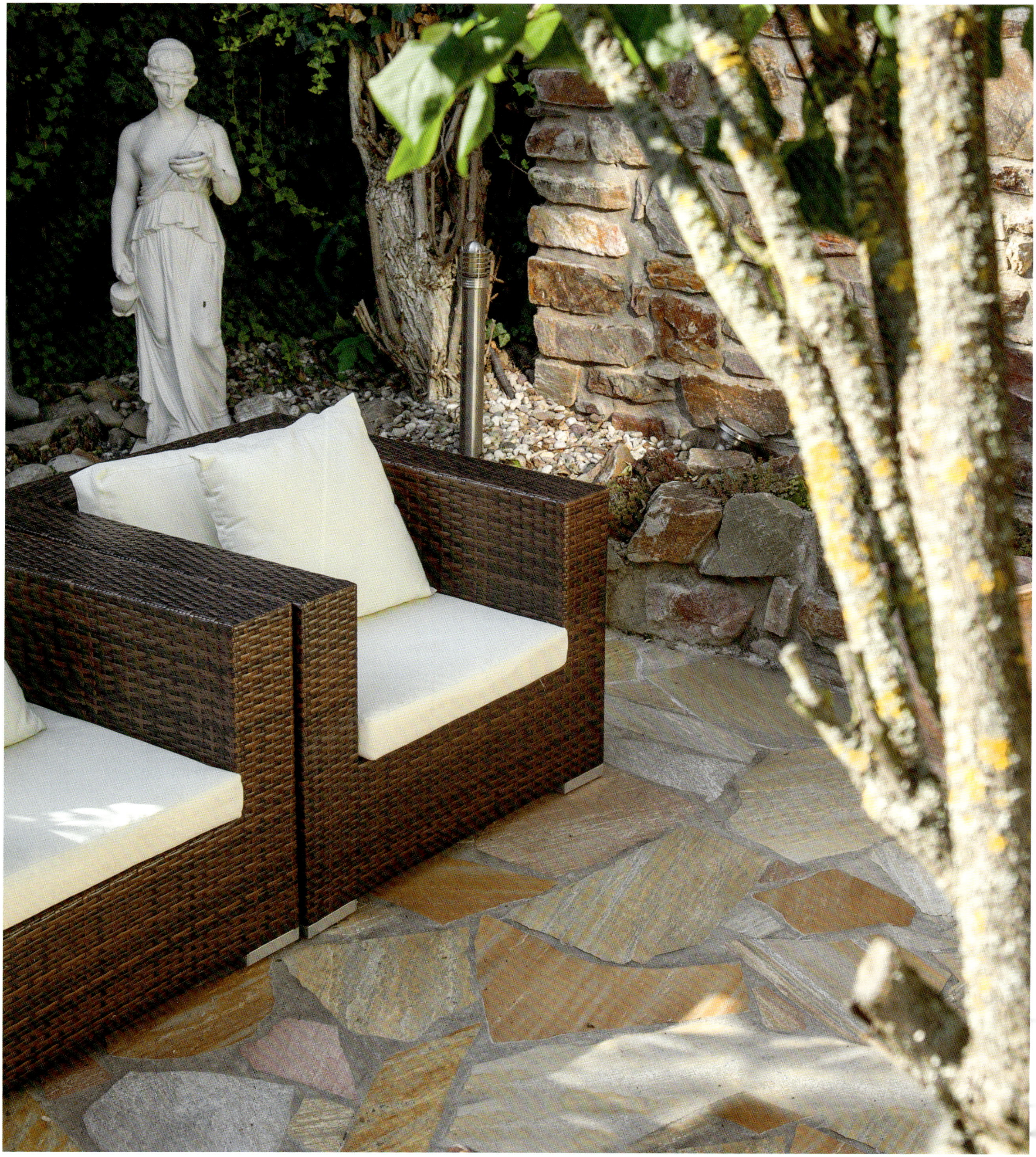

Gartenbau, Romane, Pension: Vielfalt im Hause Fass

Bei Familie Fass in Assmannshausen gibt es ein Gesamtpaket, das seinesgleichen sucht: Im Berufsleben ist Christian Fass ein gestandener Garten- und Landschaftbauer und erfüllt die schönsten Gartenträume. In seiner Freizeit lässt er seiner Fantasie freien Lauf und überrascht als Autor von Fantasieromanen, die auf dem Planeten „Allastra" spielen. Doch damit nicht genug: Seine Frau Jenny vermietet zudem schöne Unterkünfte in einer der bekanntesten Wein- und Wanderregionen Deutschlands.

Als Landschaftsbauer hat sich Christian Fass vor allem auf die Arbeit mit Natursteinen im Innen- und Außenbereich spezialisiert. „Mauern und Böden aus Naturstein besitzen einen besonderen Charme, eine unvergleichliche Optik und Wertbeständigkeit", sagt der Gartenspezialist, der nicht nur alte Gärten saniert und mit Charme neu gestaltet oder Trockenmauern und Natursteinmauern in historischer Anmutung plant und ausführt. Auch bei Teichanlagen, Bachläufen oder attraktiven Wandverblendungen als Alternative zum Außenputz ist er der richtige Ansprechpartner. Egal, ob es um witterungsbeständige Bodenbeläge aus Naturstein als Blickfang jeder Gartenanlage oder um mediterrane Natursteinanlagen geht: Christian Fass hat immer die richtigen Ideen.

In seiner Freizeit ist der Natursteinspezialist vor allem der Fantasie und dem Wort zugetan: „Bereits als Kind studierte ich intensiv Landkarten und geografische Besonderheiten in Atlanten. Und ich wollte herauszufinden, ob es Leben im All, auf fernen Planeten, gibt." Er erfand „Allastra", eine zweite Erde und fiktive Fantasiewelt, die ihn die ganze Jugend über begleitete. Nach zehn Jahren als „Herr von Allastra", vielen Aufzeichnungen und der Auswertung üppigen Kartenmaterials sollte sich der größte Wunsch erfüllen: die Fertigstellung des Buches „Allastra". Doch zunächst standen Ausbildung, der Aufbau des eigenen Gartenbaubetriebes und die Familie mit Ehefrau und zwei Töchtern an. Erst 2007 erweckte Christian Fass als Autor seine Fantasiewelt „Allastra" auch für andere zum Leben und veröffentlichte seinen ersten Roman, „Eine neue Größe". Der nächste Allastra-Roman, „Die Macht der Medrox", ist gerade erschienen, und „Die Rückkehr der Miserer" ist in Arbeit.

Und schließlich wird Gastfreundschaft im Hause Fass ganz großgeschrieben: Jenny Fass vermietet in Assmannshausen eine geräumige Ferienwohnung mit herrlichem Ausblick und beherbergt auch Pensionsgäste. In der 75 Quadratmeter großen Wohnung warten eine neu eingerichtete Küche, ein gemütlicher Wohnbereich, ein lichtdurchfluteter Essbereich mit großartiger Aussicht, ein überdachter Balkon und ein großzügiges Schlafzimmer auf die Gäste. Pensionsgäste können sich auf liebevoll eingerichtete Zimmer auf modernstem Niveau und ein reichhaltiges Frühstück, bei gutem Wetter auch auf der Terrasse, freuen.

GARTEN- UND LANDSCHAFTSBAU
Christian Fass
Im Paffert 1
65385 Rüdesheim-Assmannshausen
Telefon 0 67 22 / 29 87
www.christian-fass.de
www.allastra.de
www.pension-fass-stein.de

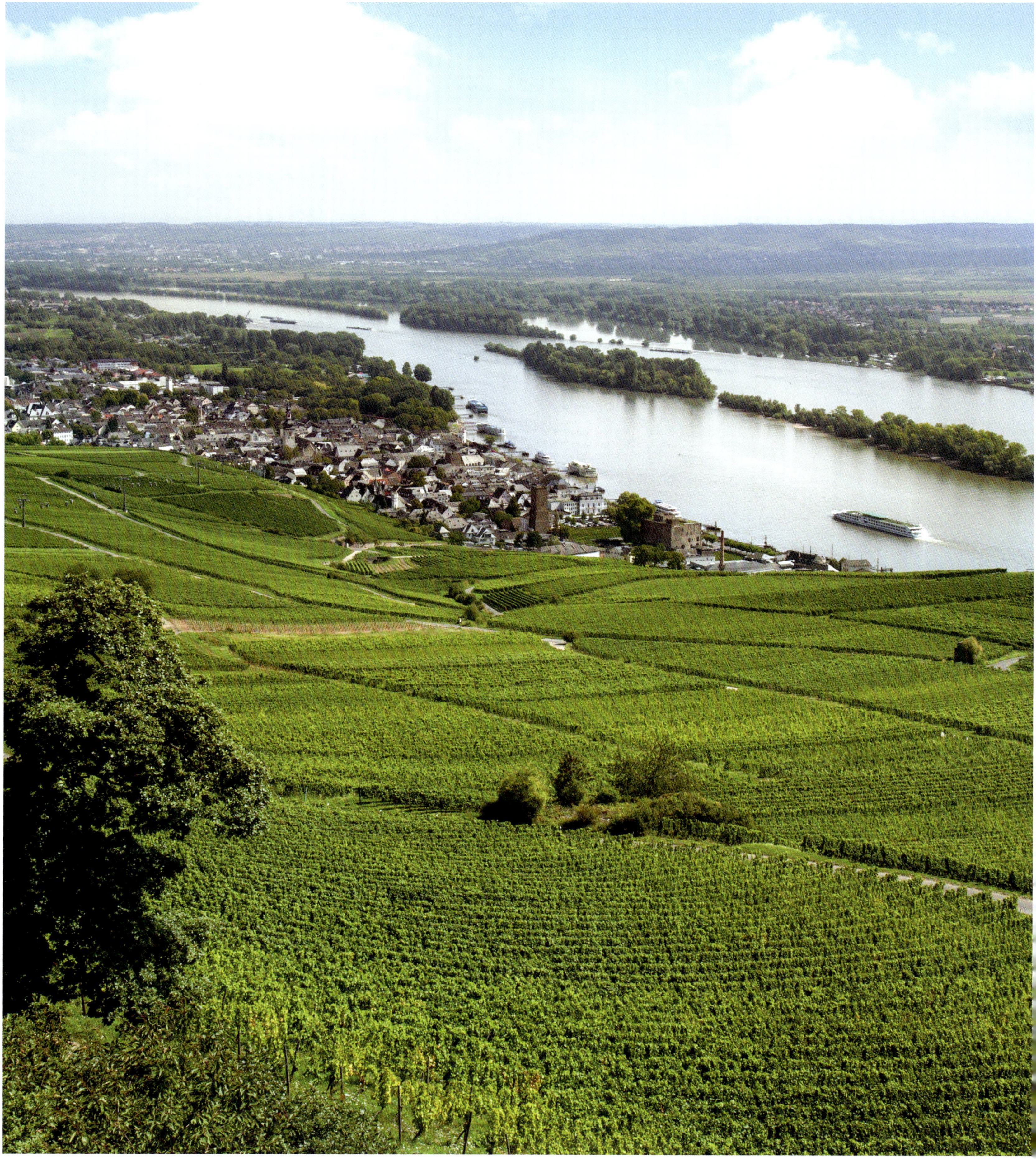

Wandern auf den Spuren der Romantik im Niederwald

Im schönen Rüdesheimer Niederwald kommen alle auf ihre Kosten. Ein Ausflug mit Seilbahn, Schiff und zu Fuß verspricht jede Menge Abwechslung und ist für die ganze Familie ein Vergnügen.

Wenn sich der Wald im Herbst so herrlich bunt färbt und das Sonnenlicht auf den ersten fallenden Blättern die schönsten Lichtreflexe hervorzaubert, macht das Spazierengehen und Wandern in den Rheingauer Wäldern so richtig Spaß. Eine besonders schöne Tour für Erwachsene und Kinder gleichermaßen ist eine Wanderung im romantischen Rüdesheimer Niederwald, die Seilbahnfahrten und eine Schifffahrt durch das wilde „Binger Loch" mit einbezieht. Die Tour beginnt an der Seilbahn in Rüdesheim. Dort kann man ein Ticket für die „Rund-Tour" kaufen. Darin enthalten ist als Erstes die Fahrt mit der Kabinenseilbahn zum Niederwalddenkmal, mit der die Tour von Rüdesheim aus beginnt.

Sanft schweben die Zweierkabinen über die Rebenhänge und bieten eine grandiose Aussicht auf Rüdesheim, den Rhein, das gegenüberliegende Ufer mit Bingen und die schon von Goethe besuchte Rochuskapelle am höchsten Punkt sowie die umliegenden Weinberge bis hin zum Kloster Eibingen, das einst von Hildegard von Bingen gegründet wurde. Allein schon das spektakuläre Panorama macht die knapp zehnminütige Fahrt zu einem besonderen Ereignis.

Überall treffen die Wanderer im Rüdesheimer Niederwald auf die Spuren der Romantik, denn Graf von Ostein (1735–1809) ließ seinerzeit – zur Hochblüte der Romantik – im Niederwaldpark für seine Gäste zahlreiche Attraktionen bauen. Dazu gehört auch direkt am Niederwalddenkmal der Aussichtstempel aus dem Jahr 1788. Während der romantischen Epoche des 19. Jahrhunderts wurde der Tempel zum Mittelpunkt vieler Geistesgrößen ihrer Zeit. Zu den Besuchern zählten unter anderem die Geschwister Brentano, Beethoven und Goethe. Im November 1944 zerstörten alliierte Bomber den Tempel vollständig. Allerorts im Niederwald zeugen tiefe Krater noch heute davon, dass in der „Katharinennacht" am 21. November 1944 viele Bomben niedergegangen sind. Auf Initiative des Fördervereins „Wiederaufbau Niederwaldtempel" wurde der Tempel rekonstruiert und im Juni 2006 erneut eingeweiht.

Schon während der Fahrt mit der Seilbahn (u. r.) zum Niederwalddenkmal wird man mit herrlichen Aussichten beschenkt. Oben angekommen, liegen dem Wanderer Rüdesheim und der Rhein zu Füßen (großes Foto linke Seite)

Rüdesheimer Niederwald

Vom Tempel und Denkmal aus führen ausgeschilderte Wanderwege zum Aussichtspunkt Rossel und zum Jagdschloss Niederwald. Wer Interesse daran hat, kann vorher noch einen Abstecher zur Adlerwarte machen und sich die Flugvorführungen der imposanten Greifvögel ansehen. Danach sollte man unbedingt den rund drei Kilometer langen, ebenen Weg durch den Wald zur Rossel wählen. Von hier hat man verschiedene Aussichtspunkte wie den „Naheblick" auf die Mündung des gleichnamigen Flusses in den Rhein sowie auf die Burgen und Schlösser, die das Obere Mittelrheintal zum Weltkulturerbe machen. Nur wenige Schritte vom Naheblick entfernt taucht mitten im Wald die Rossel auf, eine künstliche, kleine Burgruine mit Turm und kleinem Innenraum, die man von zwei Seiten begehen kann und die nicht nur Kinder zum Verstecksspielen einlädt. Auch hier hat man von der begrenzenden Mauer rund um die kleine Burg eine wundervolle Aussicht auf das Rheintal und den Zufluss der Nahe.

Auf dem Weg von der Rossel und dem hoch über dem Rhein gelegenen Aussichtspunkt „Rittersaal" zum Jagdschloss Niederwald stößt man auf die Zauberhöhle, die Ostein um 1790 erbauen ließ. Die Höhle ist eigentlich eher ein ummauerter Gang von etwa 60 Metern Länge, dessen Wände mit glitzernden Glassteinen verziert waren. Der Gang mündet in die „Zauberhütte", in der ursprünglich rundherum Spiegel angebracht waren. Trat man einst nach dem Verwirrspiel des dunklen Glitzergangs dort vor die Spiegel, öffneten sich dem zeitgenössischen Besucher als besondere Raffinesse im grellen Licht die Sichtschneisen zum Rhein hin – wie in einer Zauberwelt der Natur. Seit einigen Jahren kann man die Zauberhöhle wieder betreten, allerdings fehlen mittlerweile die Spiegel. Die Aussicht allerdings ist nach wie vor überwältigend, vor allem, nachdem man vor drei Jahren begonnen hat, den zwischenzeitlich verwilderten Wald wieder nach dem Vorbild des Osteinschen Parks zu pflegen: Bäume und Hecken wurden gefällt, um einen schmalen, reizvollen Ausblick auf das wildromantische Rheintal freizugeben. Am Jagdschloss erwartet die Wanderer eine weitere Attraktion: ein Wildgehege, das vor allem Kinder immer wieder begeistert. Mit Wildfutter, das man vor Ort kaufen kann, lassen sich die Hirsche und Rehe bis an den Zaun locken, wo sie dann sogar aus der Hand fressen.

MIT DEM SCHIFF ZURÜCK NACH RÜDESHEIM
Anschließend geht es mit dem Sessellift den Berg hinab nach Assmannshausen. Während der 15-minütigen Fahrzeit bietet sich dem Betrachter wieder ein einmaliges Bild, diesmal

Während die Germania auf dem monumentalen Niederwalddenkmal (großes Foto rechte Seite) an die Einigung des Deutschen Reiches 1871 erinnert, steht der nahegelegene Rundtempel (u. r.) für Rheinromantik pur

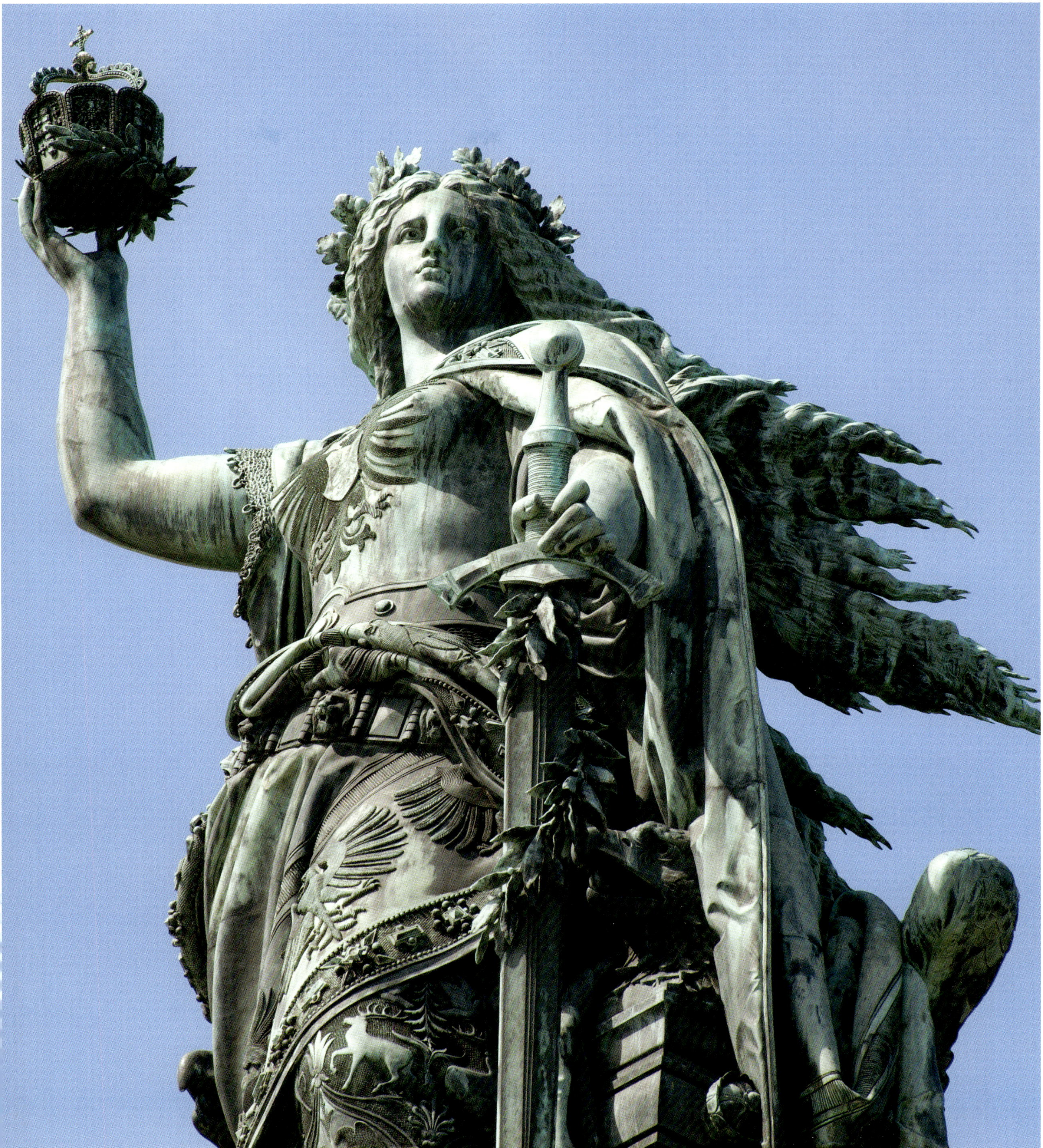

auf die bekannte Rotwein-Gemeinde Assmannshausen, das Rheintal und die gegenüberliegende, gut erhaltene Burg Rheinstein. In Assmannshausen führt ein steiler Weg bergab vorbei an vielen Ausflugsrestaurants der Touristenhochburg bis zum 1541 erbauten Hotel Krone am Rheinufer. Die Historie des berühmten Hotels, das mit der sogenannten Rheinromantik aufblühte, beeindruckt die Besucher bis heute. Einst war der Weg zur Krone noch beschwerlich, und der damals noch „wilde", noch nicht begradigte Rhein löste bei Reisenden Furcht und Grauen aus. Dann aber veränderte sich bei den Menschen die Art und Weise, wie sie die Landschaft wahrnahmen: Plötzlich bewunderte man die wildromantische Schönheit der Gegend und erinnerte sich der vielen Märchen, Sagen und Volkslieder, die sie seit jeher umwoben. Vor allem den im Rheingau heimischen Dichtern Clemens Brentano und Achim von Arnim ist es zu verdanken, dass der Rheingau nun als liebliche Landschaft gesehen wurde. Mit ihren literarischen Beschreibungen erweckten sie ungewollt ein schlafendes Dornröschen. Und so entwickelten sich die Ortschaften entlang des Mittelrheins, die verschwiegenen Wälder zwischen den historischen Burgen und eben auch die hier angesiedelten Gasthöfe wie die Krone in Assmannshausen zu beliebten Ausflugszielen vieler Künstler, Dichter und Romantiker. Unter ihnen auch Ferdinand Freiligrath, der seit Mai 1844 gern und oft in der Krone zu Gast war und hier sein Manifest „Ein Glaubensbekenntnis" schrieb. Daraufhin zog es weitere Dichter und Musiker in den Rheingau, wie das Musikerpaar Robert und Clara Schumann und Hoffmann von Fallersleben. Und sogar gekrönte Häupter wie Elisabeth von Österreich („Sissi") oder Kaiser Wilhelm I. wollten sich selbst ein Bild vom romantischen Rheingau machen und nächtigten in der Krone.

Heute kann man hier Kaffee und Torte in bester Gesellschaft genießen und dabei auf den Dampfer warten, der einen zurück zum Ausgangspunkt der Romantiktour bringt. Denn am Rheinanleger, der dem Hotel Krone gegenüberliegt und den man durch eine Unterführung der Bundesstraße sicher erreicht, halten in regelmäßigen Abständen die kleinen Schiffe der Rössler-Linie, die die Ausflügler in einer herrlichen halbstündigen Fahrt wieder zurück nach Rüdesheim bringen. Die Fahrtkosten für die Seilbahnen und das Schiff sind im Ticket „Rund-Tour" alle enthalten.

In den Weinbergen bei Assmannshausen (großes Foto rechte Seite) gibt es parallel zum Rhein zahlreiche herrliche Wanderwege (u. r.). Hier liegt auch das bekannte Staatsweingut Domäne Assmannshausen (u. l.)

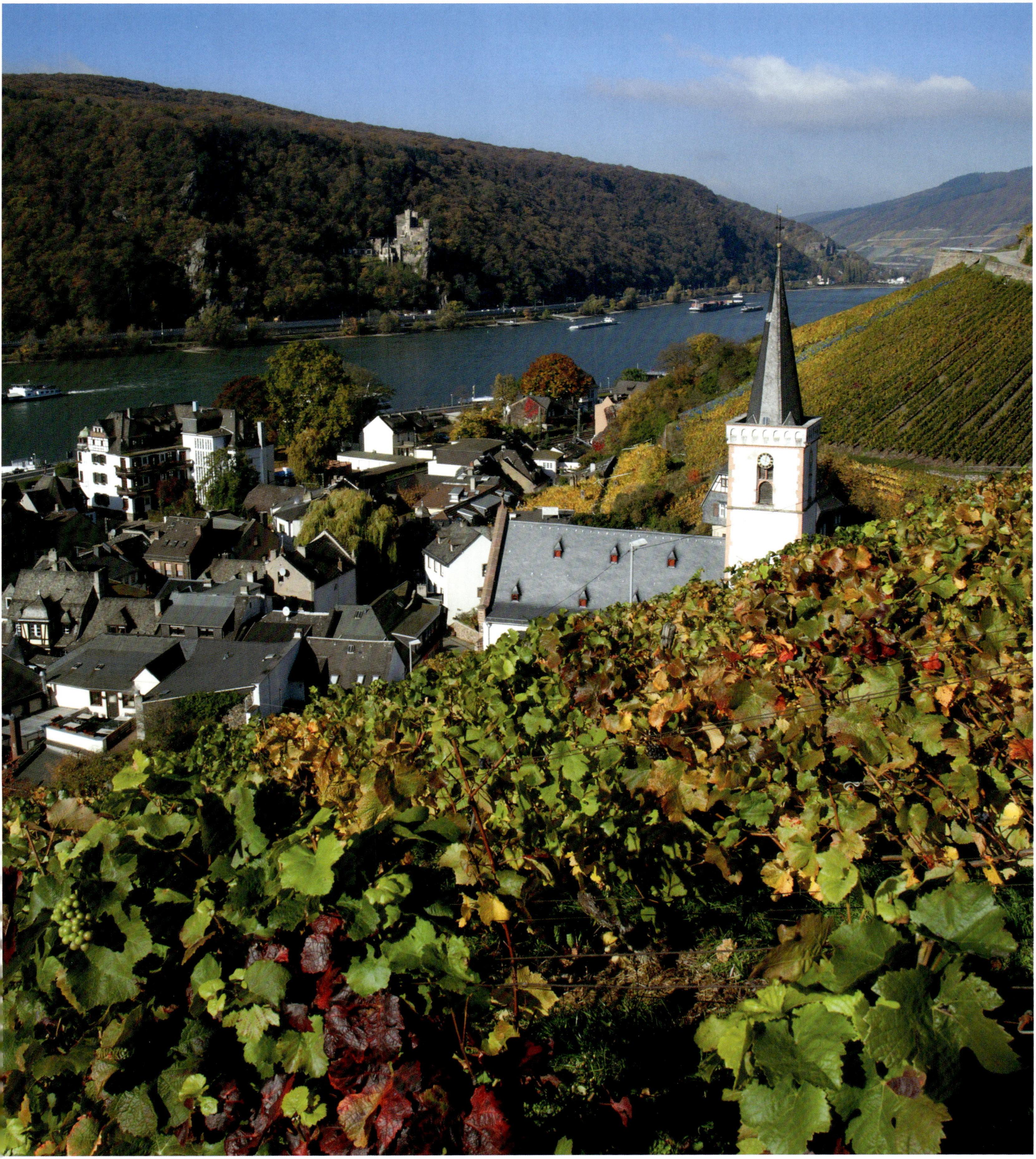

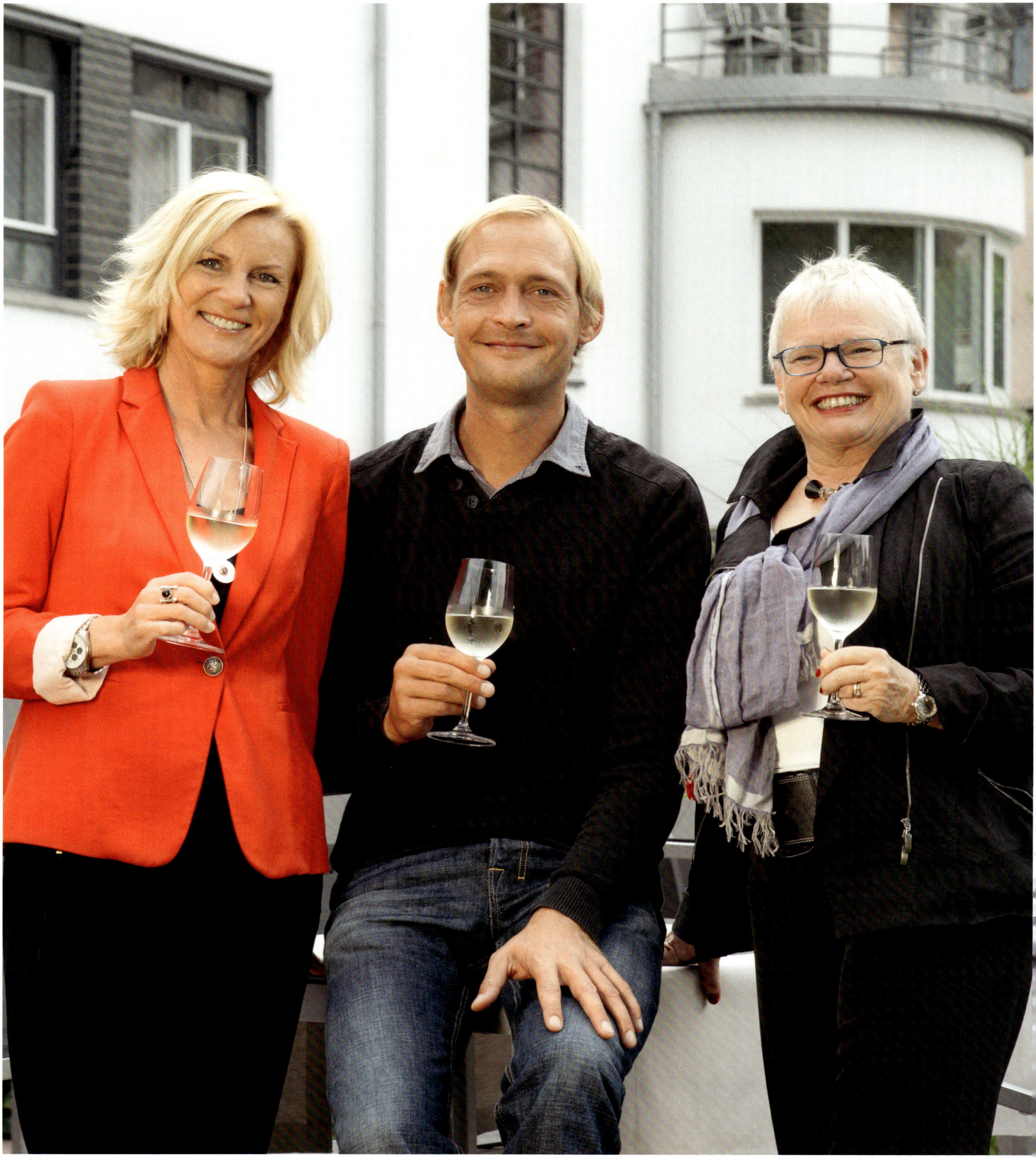

Traumhafte Ferien im alten Schulhaus und Weingut

Wenn es hier einst „große Ferien" hieß, hallten fröhliche Rufe durch die Flure, denn die Kinder im Lorcher Schulhaus freuten sich auf die Ferien. Heute dürfen sich Hotelgäste auf die „großen Ferien" im Schulhaus in Lorch freuen, denn es wurde in ein Wohlfühlhotel verwandelt. Dort, wo man früher die Schulbank drückte, entstand ein modernes Hotel-Garni ***S am Anfang des Wispertals mit Traum-Ambiente, Top-Ausstattung und herzlicher Gastfreundschaft. Beim Ausbau achtete man auf schlichte Architektur, die sich dem Bestand harmonisch anpasst. Die Hauptfassade zum früheren Schulhof hin und die Eingangsfassade wurden erhalten. Ein neuer Glas-Stahl-Kubus dient als Frühstücksraum, und ein Erweiterungsbau an der Rückseite bietet Zimmer mit Blick auf die bewaldeten Steilhänge und die direkt vorbeifließende Wisper. Im ausgebauten Dachgeschoss des Altbaus gibt es Penthouse-Zimmer mit Terrasse und eine Penthouse-Suite mit Sonnendeck. Insgesamt stehen 44 liebevoll eingerichtete Doppelzimmer (barrierefreies Zimmer für Gäste mit Handicap inklusive) zur Verfügung. Mitten in herrlicher Natur kann man hier traumhafte Tage und entspannte Nächte verbringen. Die Gäste erwarten ein geräumiger Empfangsbereich, kostenfreies WLAN im ganzen Haus, eine Grünanlage mit Terrasse am Wintergarten und an der Wisper, ein Aufzug und barrierefreier Hotelzugang, kostenfreie Parkplätze und ein Raum für Sportausrüstung. Besondere Beachtung verdient das reichhaltige Frühstücksbuffet mit regionalen Spezialitäten, man kann die Liebe zur Region förmlich schmecken.

Dazu gehört auch der köstliche Wein aus dem hauseigenen Weingut Altenkirch: 15 Hektar Reben in Steillagen werden hier ausschließlich in liebevoller Handarbeit bewirtschaftet. Angebaut wird vornehmlich der berühmte Rheingauer Riesling, aber auch Spätburgunder, der im einzigartigen Lorcher Klima zu wunderbaren Rotweinen reift. Denn in Lorch stürzt an einer der engsten Stellen des Rheins der Taunus mit einem Gefälle von bis zu 60 Prozent hinunter ins Tal und zwängt den Strom zwischen atemberaubend steile Hänge. Sonnenstrahlen treffen hier mit voller Kraft auf satt mineralische Schiefer- und Quarzitböden und lassen einen legendären Wein wachsen. Die große Vielfalt der Lorcher Böden ist einzigartig und spiegelt sich in den Altenkirch-Weinen wieder. Der Ausbau erfolgt in den drei historischen Gewölbekellern, die bis zu hundert Meter tief in den Felsen geschlagen sind. Modernste Kellertechnik, das optimale Reifeklima im Keller und der leidenschaftliche Steillagenweinbau bilden die Basis für die Spitzenweine des Weingutes Altenkirch, die Kenner weltweit schätzen. Das Zusammenspiel von regionalen Köstlichkeiten und Altenkirch-Wein können die Gäste im Hotel im Schulhaus genießen und vor allem auch im Gutsausschank des Weingutes. Hier werden zu den flüssigen Köstlichkeiten kulinarische Speisen aus der Gutsküche serviert. Doch damit nicht genug: Auch Tagungen, Hochzeiten und andere Events veranstaltet man im Weingut Altenkirch im exklusiven Ambiente – und anschließend kann man im nahen Hotel im Schulhaus ruhige Nächte genießen.

HOTEL IM SCHULHAUS
Weingut Altenkirch
Franziska Breuer-Hadwiger
Schwalbacher Straße 41
65391 Lorch
Telefon 0 67 26 / 8 07 16-0
www.hotel-im-schulhaus.com
www.weingut-altenkirch.com

Weine von unverwechselbarem Charakter

Das Städtchen Lorch liegt nicht nur inmitten einer der schönsten Gegenden Deutschlands im UNESCO Weltkulturerbe Oberes Mittelrheintal. Mit seinen sonnenbeschienenen Steilhängen, die sich entlang des romantischen Rheintals erheben, ist Lorch auch weltweit für seinen guten Wein bekannt, der hier seit fast 1000 Jahren angebaut wird.

In diese Landschaft und den Wein hat sich schon vor langer Zeit der Winzer Robert Wurm verliebt und sich mit dem Kauf des traditionsreichen Weingutes Ottes einen Lebenstraum erfüllt. Eine ganz neue Dynamik hat Robert Wurm in das Weingut und dessen Ausrichtung auf die Zukunft gebracht, ohne dabei den Stil und die Tradition des Hauses außer Acht zu lassen. So werden die hochwertigen Gutsweine per Handlese geerntet, und um klare Fruchtaromen und Mineralität zu präsentieren, ist der Höchstertrag auf 65 Liter pro Hektar begrenzt – für die Spätlesen und Ersten Gewächse sogar noch deutlich darunter. Die Arbeit in den Steilhängen der Weinlagen Kapellenberg, Pfaffenwies, Schlossberg und Bodental-Steinberg sind mühevoll, aber lohnend: Die typische Mineralität des Schieferbodens, die eine elegante Säure hervorbringt, vereint sich mit dem exzellenten Klima des sonnenverwöhnten Rheintals zu wunderbaren Rebensäften. Ausgebaut werden die Weine im Hause Ottes schonend nach modernsten oenologischen Erkenntnissen. Dabei steht Robert Wurm das erfahrene Team des Weingutes Ottes zur Seite.

Weingenießer wissen die vielfältigen Geschmacksrichtungen von spritzig-fruchtigen Rieslingen über trockene und halbtrockene Spätburgunder Rotweine oder frische, lachsfarbene Spätburgunder Weißherbste bis hin zum klassischen Winzersekt und fruchtigen Secco zu schätzen. „Jeder unserer Weine ist unverwechselbar und einzigartig", lautet die Devise im Weingut Ottes. Die einmaligen geologischen und klimatischen Voraussetzungen, die in Lorch am 50. Grad nördlicher Breite sogar Zitronen und Mandeln reifen lassen, bringen Trauben hervor, die Robert Wurm zu Weinen veredelt, deren exzellenter Ruf in der ganzen Welt bekannt ist. Viele Preise belegen die ausgezeichnete Qualität der Ottes-Weine, die man auch in der hauseigenen Gutsschänke probieren kann.

Dazu passen die frisch zubereiteten Gerichte aus der Winzerküche mit saisonalen Zutaten aus der Region, die auch vegetarisch zu haben sind. Als besondere Spezialität gibt es auch immer mal wieder Leckereien aus der spanischen Heimat der Frau des Hauses. Mit einem eleganten Wein im Glas und kulinarischen Köstlichkeiten auf dem Teller sind die Gäste eingeladen, die herrliche Landschaft des mittelrheinischen Schiefergebirges mit seinen vielen Burgen und die Schifffahrt auf dem Rhein ganz entspannt zu genießen. Und wer dann noch mehr möchte, kann im hiesigen Weinpavillon auch seine Feier ausrichten. Das Team des Weingutes Ottes bietet für Feste aller Art die hauseigenen Hochgenüsse aus Weinkeller und Gutsküche an.

WEINGUT OTTES
Robert Wurm
Binger Weg 1
65391 Lorch
Telefon 0 67 26 / 83 00 83
www.weingut-ottes.de

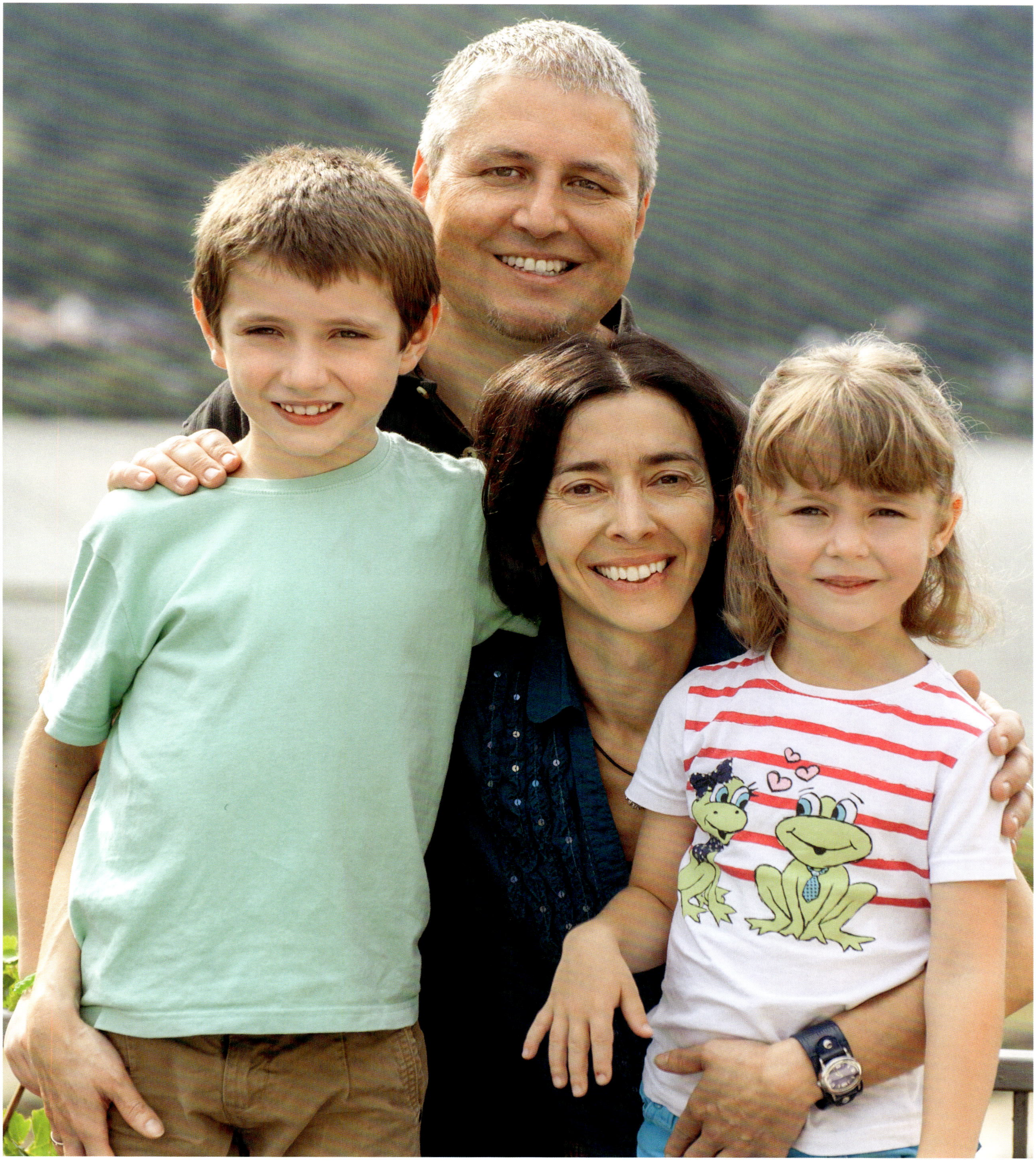

Einst strategisch günstiger Standort: die Burgruine Ehrenfels am Steilhang des Rüdesheimer Berges

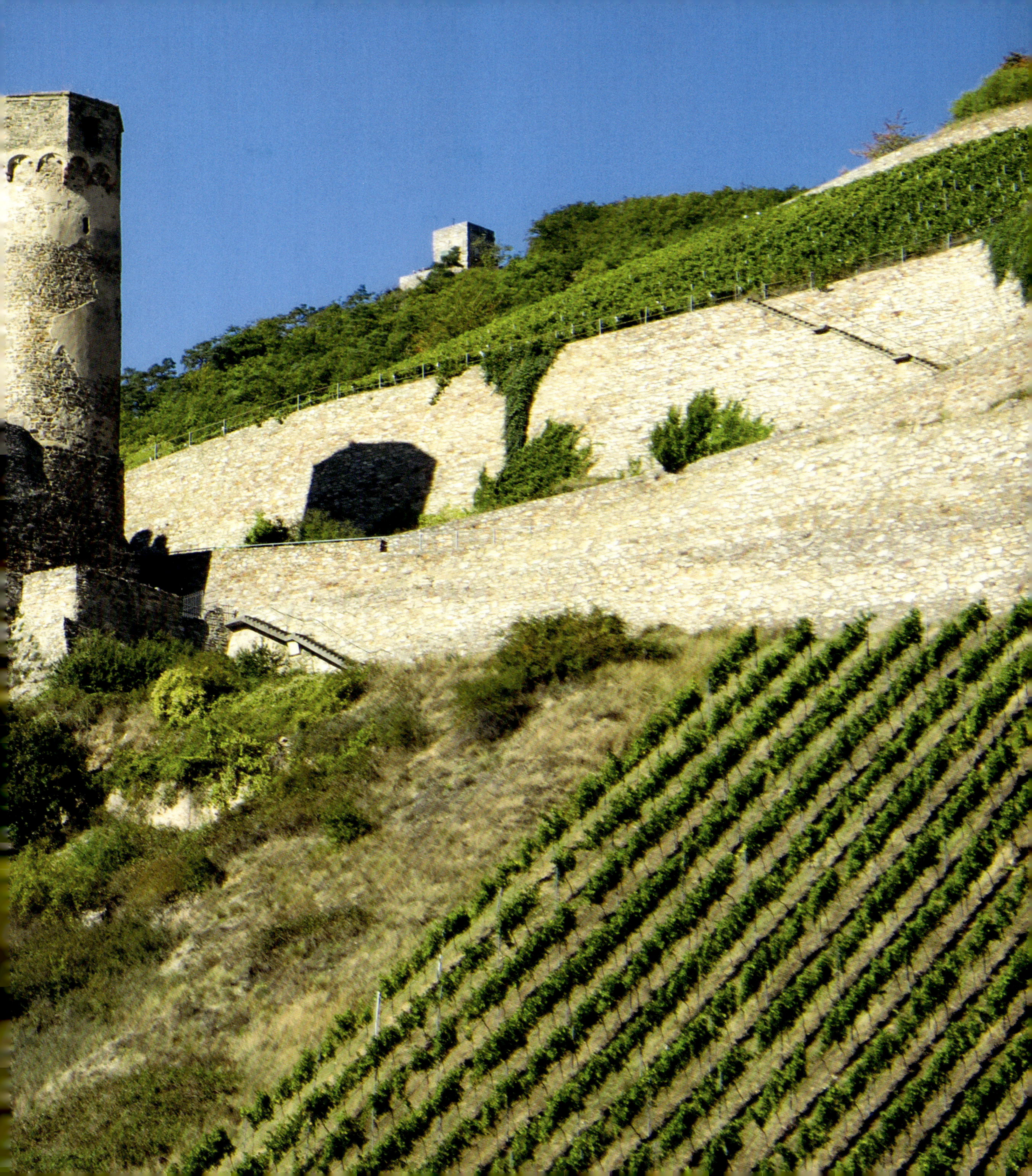

Adressen

B

BADMANUFAKTUR ROTH — S.54
Thomas Roth KG
Wilhelmstraße 18
65183 Wiesbaden
Telefon 06 11 / 40 09 98
groth@roth-kg.de
www.badmanufaktur-roth.de

C

COMMERZ REAL AG — S.36
Friedrichstraße 25
65185 Wiesbaden
Telefon 06 11 / 71 05-0
Telefax 06 11 / 71 05-45 10
info@commerzreal.com
www.commerzreal.com

COURTYARD BY MARRIOT — S.26
Ostring 9
65205 Wiesbaden-Nordenstadt
Telefon 0 61 22 / 80 18 01
info@courtyard-wiesbaden.de
www.courtyard-wiesbaden.de

D

DAHLER & COMPANY IMMOBILIEN — S.68
Geschäftsführerin: Mira van der Zalm
Kranzplatz 5-6
65183 Wiesbaden
Telefon 06 11 / 17 46 47-0
Telefax 06 11 / 17 46 47-29
mira.vanderzalm@dahlercompany.de
www.dahlercompany.de

DER PAPIERLADEN — S.52
Beate Rexroth
Wilhelmstraße 38
Arcade
65183 Wiesbaden
Telefon 06 11 / 37 34 86
Telefax 06 11 / 37 34 80
info@der-papierladen.de
www.der-papierladen.de

DORINT PALLAS WIESBADEN — S.44
Neue Dorint GmbH
Hoteldirektor: Jörg Krauß
Auguste-Viktoria-Straße 15
65185 Wiesbaden
Telefon 06 11 / 3 30 60
Telefax 06 11 / 33 06 10 00
info.wiesbaden@dorint.com
www.dorint.com/wiesbaden

E

EUROPCAR AUTOVERMIETUNG GMBH — S.34
Europcar Chauffeur Service
Kleiner Kornweg 2–4
65451 Kelsterbach
Telefon 0 61 07 / 79 01 90
Frankfurt-Chauffeur@europcar.com
www.europcar-chauffeur.de

F

FACHMARKT BIHRER — S.88
Andreas Bihrer
Rheingauer Straße 10
65343 Eltville
Telefon 0 61 23 / 24 82
info@bihrer.com
www.bihrer.com

G

GABRICH OPTIK — S.60
Donald Gabrich
Wilhelmstraße 42
65183 Wiesbaden
Telefon 06 11 / 30 03 11
Telefax 06 11 / 37 03 35
info@gabrichoptik.de
www.gabrichpotik.de

GARTEN- UND LANDSCHAFTSBAU — S.106
Christian Fass
Im Paffert 1
65385 Rüdesheim-Assmannshausen
Telefon 0 67 22 / 29 87
Telefax 0 67 22 / 39 05
www.christian-fass.de
www.allstra.de
www.pension-fass-stein.de

H

HÄSTENS STORE WIESBADEN — S.42
Bernd Kristofic
Taunusstraße 7
65193 Wiesbaden
Telefon 06 11 / 20 59 06 30
wiesbaden@hastensstores.com
www.haestens.de

HD...S AGENTUR FÜR PRESSE- UND ÖFFENTLICHKEITSARBEIT — S.38
Heike D. Schmitt
Kaiser-Friedrich-Ring 23
65185 Wiesbaden
Telefon 06 11 / 99 29 10
info@hds-pr.com

HOCKENBERGER MÜHLE S.28
Geschäftsführer: Walled Muassi
Hockenberger Höhe 4
65207 Wiesbaden
Telefon 06 11 / 50 20 88
Telefax 06 11 / 50 20 89
mail@hockenberger-muehle.de
www.hockenbergermuehle.de

HOTEL IM SCHULHAUS S.114
Weingut Altenkirch
Franziska Breuer-Hadwiger
Schwalbacher Straße 41
65391 Lorch
Telefon 0 67 26 / 8 07 16-0
Telefax 0 67 26 / 8 07 16-22 22
www.hotel-im-schulhaus.com
www.weingut-altenkirch.com

I

INNENLEBEN WOHNEN & S.56
DEKORATION GMBH
Lale Knarr
Wilhelmstraße 36-38
Arcade
65183 Wiesbaden
Telefon 06 11 / 37 68 66
Telefax 06 11 / 3 08 14 86
knarr-innenleben@gmx.de
www.innenleben-wiesbaden.de

INSIGHTWIESBADEN S.40
Lutz Müller
Taunusstraße 38
65183 Wiesbaden
Telefon 06 11 / 36 00 76 30
Telefax 06 11 / 98 81 91 49
l.mueller@insightwiesbaden.de
www.insightwiesbaden.de

K

KOSTBAR S.90
Susanne Schlier
Schwalbacher Straße 6
65343 Eltville
Telefon 0 61 23 / 79 49 95
kostbar-eltville@online.de
www.kostbar-eltville.de

KULI.NARIATH S.82
Jan Marin und Sebastian Scheffel
Mainzer Straße 26
65239 Hochheim am Main
Telefon 0 61 46 / 9 09 89 70
info@kulinariath.de
www.kulinariath.de

M

MARINA RINALDI S.58
Brigitte Maria Stolz
Wilhelmstraße 52 a-c
65183 Wiesbaden
Telefon 06 11 / 34 19 88 68
brigitte.stolz@mr-wiesbaden
www.mr-wiesbaden.de

P

PARFUMERIE AM MARKT S.74
Alexandra und Borut Nendl
Ellenbogengasse 2
65183 Wiesbaden
Telefon 06 11 / 30 16 30
www.parfumerie-wiesbaden.de

RUDOLF **P**ELLKOFER S.62
Staatlich geprüfter Hufbeschlagsschmied und Schmiedemeister
c/o Donald Gabrich
Wilhelmstraße 42
65183 Wiesbaden
Telefon 01 76 /95 66 27 97
rp@rp-hufbeschlag.de
www.rp-hufschlag.com

R

RADISSON BLU S.70
SCHWARZER BOCK HOTEL WIESBADEN
Hoteldirektor: Wolfgang Wagner
Kranzplatz 12
65183 Wiesbaden
Telefon 06 11 / 15 50
Telefax 06 11 / 15 51 11
info.wiesbaden@radissonblu.com
www.radissonblu.com/hotel-wiesbaden

RAUMGESTALTUNG – INNENDEKORATION S.64
Peter Viergutz
Webergasse 3 a
65183 Wiesbaden
Telefon 06 11 / 52 52 38
Telefax 06 11 / 52 09 75
info@viergutz-raumgestaltung.de
www.viergutz-raumgestaltung.de

RÖMERSTUBE S.104
Lubov Bem
Oberstraße 45
65385 Rüdesheim
Telefon 0 67 22 / 9 44 48 87
info@weinhaus-drosseleck.de
www.weinhaus-drosseleck.de

Adressen

S

SAYTOUNE CUISINE ORIENTALE — S.66
Geschäftsführer: Samir Mualla
Wilhelmstraße 52
65183 Wiesbaden
Telefon 06 11 / 3 08 61 10
Telefax 06 11 / 3 08 98 62
welcome@saytoune.de
www.saytoune.de

W

WEINGUT FRITZ ALLENDORF — S.100
Ulrich Allendorf
Kirchstraße 69
65375 Oestrich-Winkel
Telefon 0 67 23 / 91 85-0
Telefax 0 67 23 / 91 85-40
allendorf@allendorf.de
www.allendorf.de

WEINGUT ALTENKIRCH
siehe **H**otel im Schulhaus

WEINGUT ANKERMÜHLE — S.98
Birgit Hüttner
65375 Oestrich-Winkel
Kapperweg
Telefon 0 67 23 / 24 07
Telefax 0 67 23 / 88 86 75
info@ankermuehle.de
www.ankermuehle.de

WEIN & SEKTGUT
STEFAN BREUER — S.84
Auf der großen Straße 10
65345 Eltville
Telefon 0 61 23 / 9 74 21 36
sb@breuer-wein.de
www.breuer-wein.de

WEINGUT HÖHN — S.32
Gutsschänke „Im Kirschfeld"
Freudenbergstraße 200
65201 Wiesbaden
Telefon 06 11 / 7 16 87 89
info@weinguthoehn.de
info@im-kirschfeld.de
www.weinguthoehn.de

WEINGUT KESSLER — S.86
Stefan Keßler
Heimatstraße 18
65344 Eltville-Martinsthal
Telefon 0 61 23 / 7 12 35
info@weingut-kessler.de
www.weingut-kessler.de

WEINGUT HEINZ NIKOLAI — S.92
Katharina und Frank Nikolai
Ringstraße 16
65346 Eltville am Rhein
Telefon 0 61 23 / 6 27 08
weingut@heinz-nikolai.de
www.heinz-nikolai.de

WEINGUT OTTES — S.116
Robert Wurm
Binger Weg 1
65391 Lorch
Telefon 0 67 26 / 83 00 83
info@weingut-ottes.de
www.weingut-ottes.de

WEINHAUS UND HOTEL SINZ — S.30
Klaus Sinz
Herrnbergstraße 17-19
65201 Wiesbaden-Frauenstein
Telefon 06 11 / 9 42 89-0
Telefax 06 11 / 9 42 89-40
info@weinhaus-sinz.de
www.weinhaus-sinz.de

WINEBAR — S.102
c/o Weingut Carl Ehrhard
Geisenheimer Straße 3
65385 Rüdesheim
Telefon 0 67 22 / 4 73 96
info@carl-ehrhard.com
www.cewinebar.com

Z

ZAHNKLINIK DR. JUNG — S.72
Dr. Andreas Jung
City-Passage 1-6
64319 Pfungstadt
Telefon 0 61 57 / 9 19 81 98
www.zahnklinik-jung.de

Register

Arnim, Achim von 112
Assmannshausen *77*, 77 f., 110 f.
Aussichtspunkt Naheblick 110
Aussichtspunkt Rittersaal 110
Ball des Sports, Wiesbaden 48
Ball des Weins, Wiesbaden 48
Beethoven, Ludwig van 109
Biebricher Schloss 24, 48
Binger Loch 109
Bowling Green, Wiesbaden 23, *48*, 48
Brahms, Johannes 24
Brentano, Clemens 109, 112
Burg Rheinstein *76*
Dern`sches Gelände, Wiesbaden 47
Dichterviertel, Wiesbaden 24
Dostojewski, Fjodor 24
Drosselgasse, Rüdesheim *78*, 78
Elisabeth von Österreich („Sissi") 112
Eltville 78, *80/81*
Erbprinzenpalais, Wiesbaden 23
Erdbeerfest, Erbach 78
Feldherrenviertel, Wiesbaden 24
Geisenheim 78
Goethe, Johann Wolfgang von 19, 24, 109
Hattenheim 19
Heiraten im Rheingau 19
Herrmann, Michael 96
Hessisches Staatsweingut Domäne Assmannshausen 112
Hessische Staatsweingüter Kloster Eberbach 47, 96
Hildegard von Bingen 109
Hoffmann von Fallersleben 112
Hotel Krone, Assmannshausen *77*, 112
Jagdschloss Niederwald 110
Jawlensky, Alexej von 24
Kaiser Wilhelm I. 112
Kaiser Wilhelm II 23
Kinosommer Hessen 96

Kloster Eberbach 19, 77, 78, 94 ff.
Kloster Eibingen 109
Kurhaus, Wiesbaden 23, *25*, 48
Kurpark, Wiesbaden 24
Kutschenkorso, Wiesbaden 48
Lorch 78
Marktkirche, Wiesbaden 23, *23*, 47
Nassauischer Kunstverein, Wiesbaden 23
Neroberg, Wiesbaden *14*, 15, *46*, 47
Nerobergbahn 47
Nerotal-Anlagen 24
Niederwald, Rüdesheim 109 ff.
Niederwaldtempel 109, *110*
Niederwalddenkmal 109, *111*
Niederwaldpark 109
Oestrich-Winkel 78
Pfingst-Reitturnier 24, 48
Reisinger-Anlagen, Wiesbaden *12/13*, 23
Rheingau 76 ff.
Rheingau Musik Festival 19, 78, 96
Rheingauer Schlemmerwochen 78
Rheingauer Weinwoche Wiesbaden 15, *20/21*, 47
Rheingauviertel, Wiesbaden 24
Rheinsteig 19
Riesling 19, 77 f.
Rossel, Burgruine 110
Rüdesheim 78
Rüdesheimer Niederwald 109 ff.
Russisch-orthodoxe Kirche, Wiesbaden *46*, 47
Schloss Johannisberg 19, *78*, 78
Schloss Vollrads *18*, 19, 78
Schumann, Robert und Clara 112
Sekt- und Biedermeierfest, Eltville 78
Spielbank, Wiesbaden 24
Staatstheater, Wiesbaden 23, 24
Sternschnuppenmarkt, Wiesbaden 15, 48
Straußwirtschaften 78
Theatrium, Wiesbaden 23, 48
Thermalquellen, Wiesbaden 23, 24

Villa Clementine, Wiesbaden 15, *22*, 23
Villa Söhnlein-Pabst, Wiesbaden 47, *50/51*
Wagner, Richard 24
Weinbau im Rheingau 77
Weinversteigerung, Kloster Eberbach 96
Wiesbaden 22 ff.
Wiesbaden-Dotzheim 47
Wiesbaden-Frauenstein 47, *49*
Wiesbaden-Kostheim 47
Wilhelmstraße, Wiesbaden *10*, 11, 23, 48

Repräsentativer Rahmen für glanzvolle Feste und Veranstaltungen: das Wiesbadener Kurhaus am weitläufigen Bowling Green

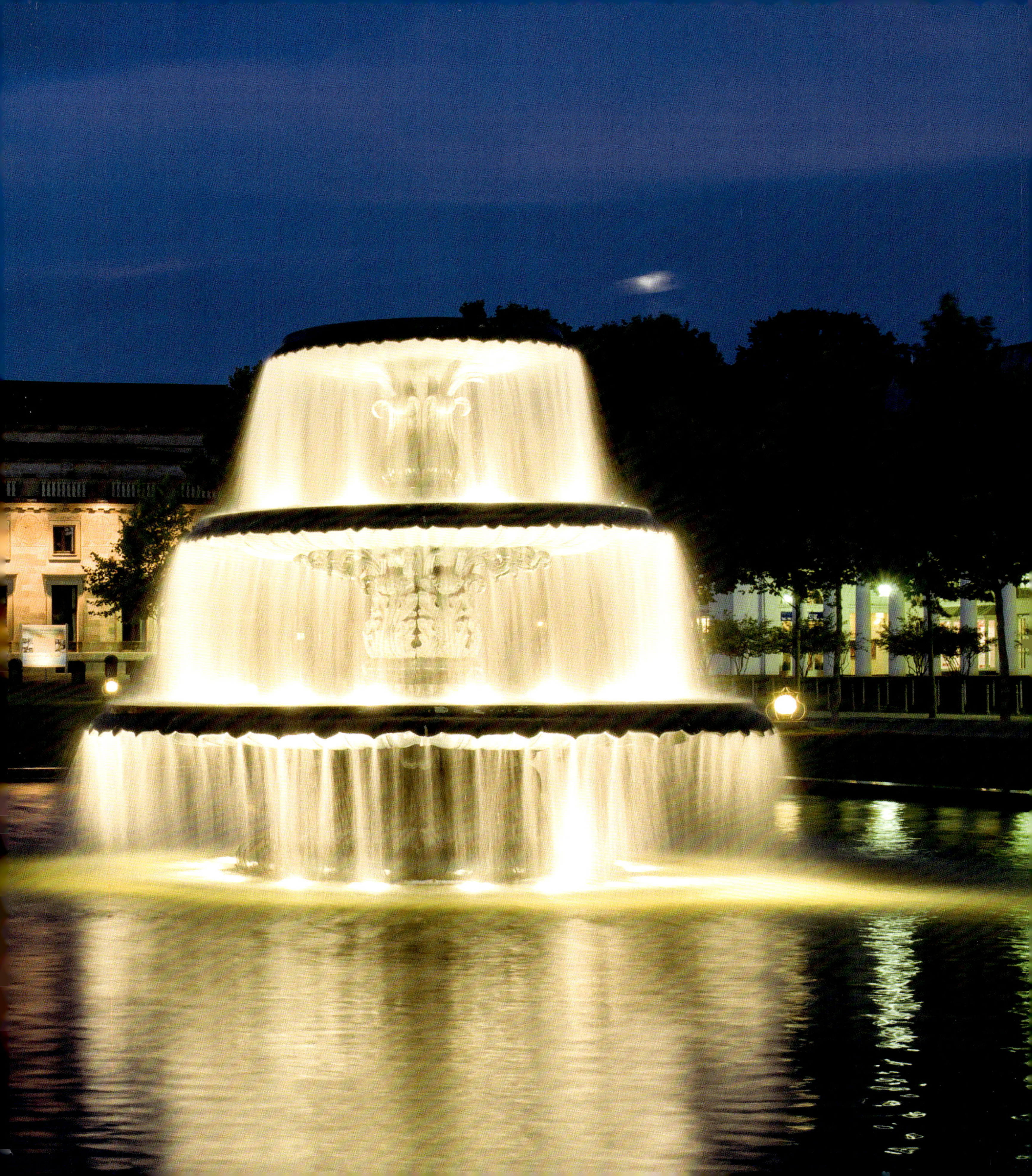

Besondere Adressen für Sie entdeckt

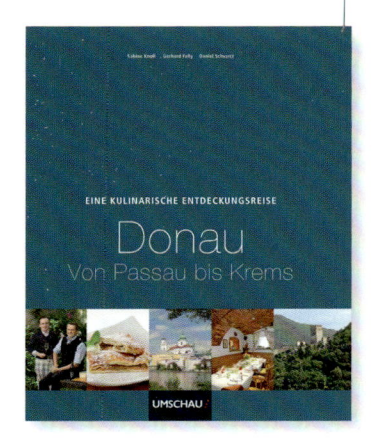

Donau – von Passau bis Krems
200 Seiten, Hardcover
978-3-86528-459-4

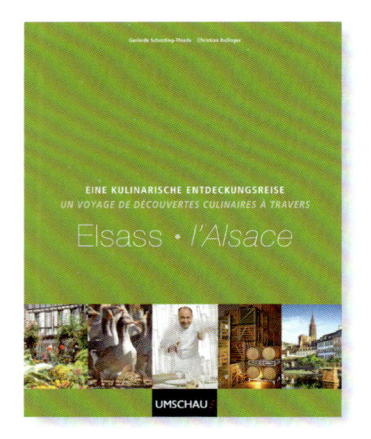

Elsass – l' Alsace
272 Seiten, Hardcover
978-3-86528-557-7

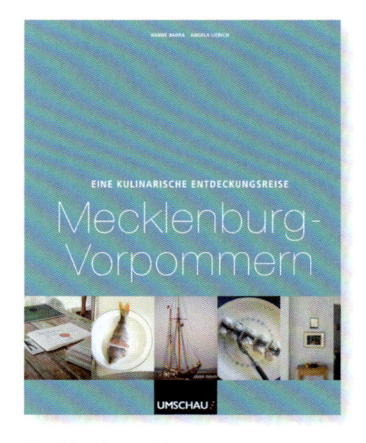

Mecklenburg-Vorpommern
368 Seiten, Hardcover
978-3-86528-460-0

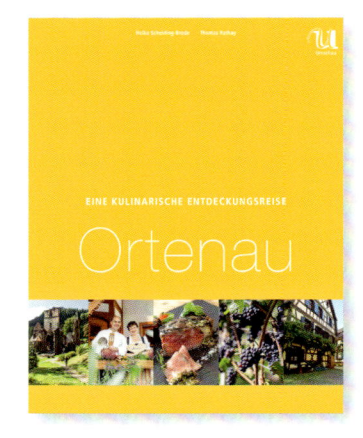

Ortenau
144 Seiten, Hardcover
978-3-86528-437-2

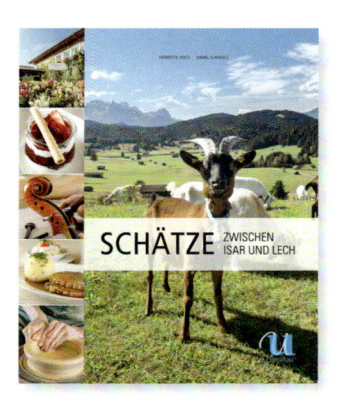

Schätze zwischen Isar und Lech
128 Seiten, Hardcover
978-3-86528-852-9

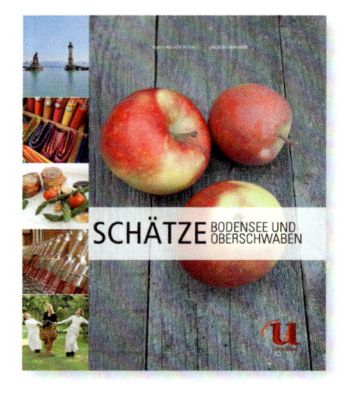

Schätze Bodensee und Oberschwaben
192 Seiten, Hardcover
978-3-86528-556-9

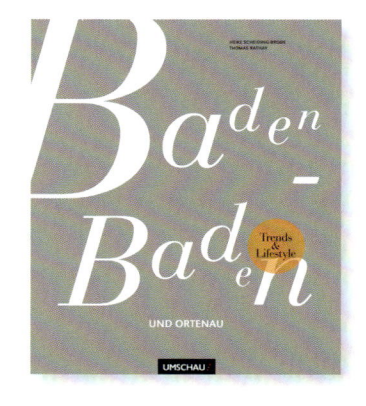

Baden-Baden und Ortenau
136 Seiten, Hardcover
978-3-86528-461-7

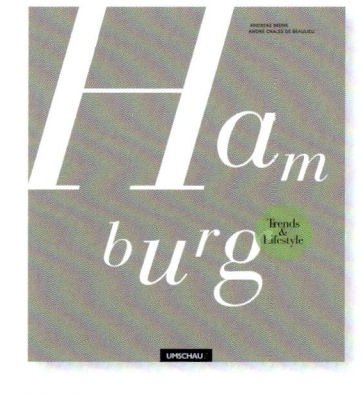

Hamburg
160 Seiten, Hardcover
978-3-86528-455-6

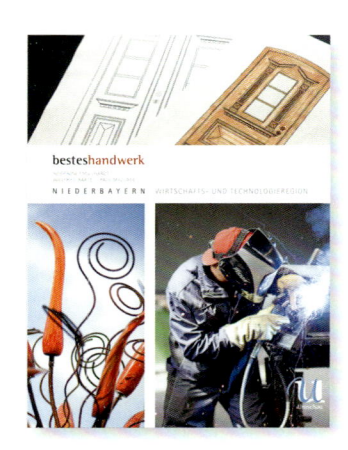

Bestes Handwerk Niederbayern
160 Seiten, Hardcover
978-3-86528-465-5

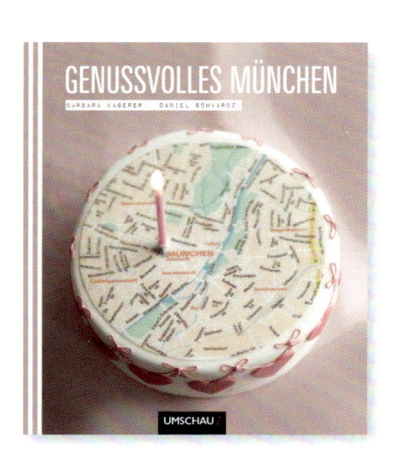

Genussvolles München
160 Seiten, Hardcover
978-3-86528-515-7

Raum & Design München
184 Seiten, Hardcover
978-3-86528-546-1

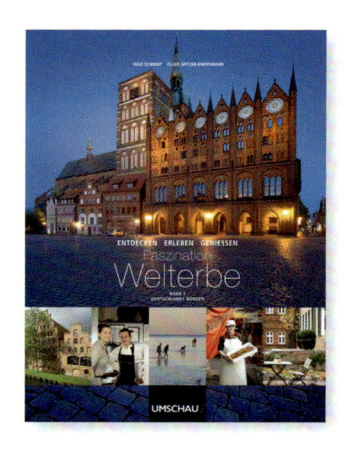

Faszination Welterbe Deutschlands Norden
256 Seiten, Hardcover
978-3-86528-545-4

Weitere Empfehlungen für Sie

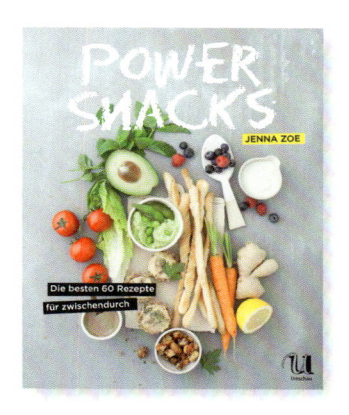

Powersnacks
Die besten 60 Rezepte für zwischendurch
144 Seiten, Hardcover
978-3-86528-725-0

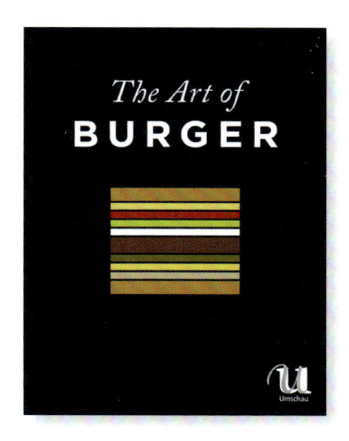

The Art of Burger
144 Seiten, Hardcover
978-3-86528-725-0

Die Feuerwehr kocht mit Feuer und Flamme
208 Seiten, Hardcover
978-3-86528-699-4

Beef Buddies
Das Kochbuch für echte Kerle
256 Seiten, Hardcover
978-386528-795-3

Wein? Yes!
176 Seiten, wattierter Umschlag
978-3-86528-770-0

Morgens & Abends
Frühstücks- und Abendbrotbuch
224 Seiten, Hardcover
978-3-86528-705-2

Umschau

Für weitere Informationen über unsere Reihen wenden Sie sich direkt an den Verlag:

Neuer Umschau Buchverlag GmbH
Moltkestraße 14
D-67433 Neustadt/Weinstraße

☎ + 49 (0) 63 21 / 8 77-833
  + 49 (0) 63 21 / 8 77-859
@ info@umschau-buchverlag.de

Besuchen Sie uns auch im Internet:
www.umschau-buchverlag.de

Impressum

© 2014 NEUER UMSCHAU BUCHVERLAG GMBH
Neustadt an der Weinstraße

Alle Rechte der Verbreitung in deutscher Sprache, auch durch Film, Funk, Fernsehen, fotomechanische Wiedergabe, Tonträger jeder Art, auszugsweisen Nachdruck oder Einspeicherung und Rückgewinnung in Datenverarbeitungsanlagen aller Art, sind vorbehalten.

RECHERCHE
Hans-Peter Jürgens, Eltville
Stefan Fischer, Erlensee
Nadine Wagner, Mühlheim

TEXTE
Sabine Fladung, Oestrich-Winkel
Katharina Schneider, Oestrich-Winkel

FOTOS
Ernst Wrba, Wiesbaden
www.wrba.eu

REDAKTION/LEKTORAT/PRODUKTION
Susanne Kranz, Hamburg
www.susannekranz.de

GESTALTUNG/SATZ
Anja Winteroll, Hamburg
www.anjawinteroll.de

REPRODUKTION
Gerda Günther, posi.tiff media GmbH, Gelnhausen
www.positiff.com

KARTE
Thorsten Trantow, Herbolzheim
www.trantow-atelier.de

DRUCK UND VERARBEITUNG
NINO Druck GmbH, Neustadt an der Weinstraße
www.ninodruck.de

Printed in Germany
ISBN: 978-3-86528-857-8

Die Ratschläge und Empfehlungen in diesem Buch wurden von den Autoren und dem Verlag sorgfältig erwogen und geprüft, dennoch kann eine Garantie nicht übernommen werden. Eine Haftung der Autoren und des Verlags für Personen-, Sach- und Vermögensschäden ist ausgeschlossen.

Wir bedanken uns für die freundlicherweise zur Verfügung gestellten Fotos bei:
Dorint Pallas Wiesbaden (S. 44/45), Roman Knie (S. 72/73), Weingut Keßler (S. 86, r.)

Wir bedanken uns für den freundlicherweise zur Verfügung gestellten Text bei:
Heike Klauer/Dr. Jung Zahnklinik (S. 73)

Besuchen Sie uns im Internet:
www.umschau-buchverlag.de